Arena-Taschenbuch

Band 50201

Von Auguste Lechner sind als Arena-Taschenbuch erschienen:
Die Nibelungen (Band 50022)
Die Abenteuer des Odysseus (Band 50023)
Parzival (Band 50024)
Ilias (Band 50025)
König Artus (Band 50202)

Auguste Lechner (1905–2000)
ist Österreichische Staatspreisträgerin. Mit ihren Büchern erschließt sie der Jugend einen Zugang zur Sagenwelt. Ihr Gesamtwerk wurde mit dem »Premio Europeo di Letteratura Giovanile« ausgezeichnet.

»Die Art, wie Auguste Lechner die uralten Sagen neu gestaltet und herausgegeben hat, ist hervorragend. Man spürt den modernen Menschen dahinter, der unseren Jugendlichen etwas von dem vermitteln will, was die Geschichte ausdrückt: die Erlösung durch die Menschlichkeit.«
Schweizerische Zeitung

Auguste Lechner

Herkules

Neu überarbeitet sowie mit einem neuen Prolog und einem Glossar versehen von Friedrich Stephan

Überarbeitete Neuausgabe
8. Auflage als Arena-Taschenbuch 2024
Arena Verlag GmbH
Rottendorfer Straße 16, 97074 Würzburg
Lizenzausgabe der Verlagsanstalt Tyrolia GmbH, Innsbruck

Neu überarbeitet sowie mit einem neuen Prolog und einem Glossar
versehen von Friedrich Stephan
Umschlagtypografie: knaus. büro für konzeptionelle
und visuelle identitäten, Würzburg
Gesamtherstellung: Westermann Druck Zwickau GmbH
ISSN 0518-4002
ISBN 978-3-401-50201-4

www.arena-verlag.de

Inhalt

Die Welt des Herkules	6
Der Sohn von Zeus und Alkmene	9
Herakles entscheidet sich	26
Herakles befreit Theben	41
Der Kampf der Götter und Giganten	51
Herakles muss dienen	59
Der Kampf mit dem Nemeischen Löwen	69
Die Hydra von Lerna	92
Die Hirschkuh der Artemis	108
Der Erymanthische Eber	120
Die Säuberung der Augiasställe	134
Die Stymphalischen Vögel	142
Der Stier Poseidons	152
Die Rosse des Diomedes	162
Herakles bei den Amazonen	173
Die Rinder des Geryones	185
Die Äpfel der Hesperiden	199
Herakles in der Unterwelt	209
Wort- und Sacherklärungen	226

PROLOG
Die Welt des Herkules

Dieses Buch erzählt von den Abenteuern des wohl berühmtesten Helden der griechischen Sage. Wir kennen ihn vor allem mit seinem lateinischen Namen, den wir benutzen, wenn wir jemanden als »wahren Herkules« oder eine fast unlösbare Herausforderung als »Herkulesaufgabe« bezeichnen. Darum trägt dieser Band auch den Titel »Herkules«. Da Herkules aber ein griechischer Held war, wollen wir in der Erzählung selbst von Herakles sprechen, denn so nannten ihn die Griechen. Herakles lebte in der Zeit der großen Heroen (Helden) wie Theseus, Perseus oder Iason, die die Welt lebenswert machten, indem sie vorzeitlichen Ungeheuern, gefährlichen wilden Tieren und unmenschlichen Räubern den Garaus machten. In anderen Worten, sie lebten in einer Ära, in der die Welt der Götter und Menschen noch nicht so fest gefügt war wie zu der zivilisierten Zeit, als man die Götter- und Heldensagen aufschrieb und in die Form brachte, in der sie seitdem mit einem angenehmen Gefühl des Schauders erzählt werden.

Für die Entstehung der Welt der Götter und Menschen hatte man unterschiedliche Erklärungen. Am weitesten verbreitet war die Annahme, am Anfang habe ein ungeordneter Urstoff ohne Gestalt, das Chaos, gestanden. Aus diesem ging die erste Generation von Göttern hervor. Sie bestand aus Uranos, dem *Himmel,* und Gäa, der *Erde*. Ihre Kinder waren die Titanen. Zu diesen gehörte Kronos, das ist die *Zeit*. Er stürzte seinen Vater Uranos, der ihm im Sterben weissagte, dass er selbst später von seinem eigenen Sohne enthront werden würde, und vermählte sich mit seiner Schwester Rhea. Wegen der Prophezeiung des Vaters aber verschlang Kronos seine eigenen Kinder, zuerst die drei Töchter Hestia (später die Göttin des Herdfeuers), Demeter (später die Göttin des Ackerbaus) und Hera, dann die Söhne Hades und Poseidon. Ihren dritten Sohn, Zeus, aber versteckte Rhea vor dem Vater und gab diesem dafür einen in Windeln gewickelten Stein. Diesen verschlang Kronos, im Glauben, es handele sich um sein Kind. Als Zeus herangewachsen war, gelang es ihm, unerkannt dem Vater einen Trank mit einem Brechmittel zu verabreichen. Kronos nahm einen tiefen Zug und erbrach zuerst den Stein, dann die Brüder und Schwestern des Zeus. Die drei Brüder nahmen nun den Kampf mit Kronos und den anderen Titanen auf. Diese wurden besiegt und bis auf den starken Atlas in den finsteren Tartaros verbannt. Letzterer musste fortan das Himmelsgewölbe auf seinen Schultern tragen.

Zeus, Poseidon, der Gott des Meeres, und Hades, der Gott der Unterwelt, beherrschten von nun an die Welt. Die höchste Stellung nahm Zeus ein. Er tat der Welt mit Donner und Blitz seinen Willen kund und wachte über Haus und Hof. Seine Schwester und Gemahlin Hera schützte die Ehe, hatte aber in ihrer eigenen Ehe oft Grund zur Eifersucht, denn Zeus betrog sie mit zahlreichen anderen Frauen, schönen Töchtern der Sterblichen wie auch unsterblichen Nymphen. Zeus und Hera und ihre Nachkommen, aber auch einige Kinder, die von Zeus in den außerehelichen Verbindungen gezeugt wurden, hatten ihren Wohnsitz auf dem hohen griechischen Berg Olymp.

Doch nicht alle griechischen Götter bewohnten den Olymp. Andere wurden als Naturgottheiten in Bäumen, Quellen oder anderen heiligen Orten verehrt. Sie stammten wie die *Nymphen* oder die *Erinnyen,* die Rachegöttinnen, vielfach noch aus der Zeit, bevor Zeus die Herrschaft übernahm. Ob die Griechen, die sich die Sagen um Herakles erzählten, an all diese Götter glaubten, ist eher zweifelhaft. Auch wir gehen ja nicht wirklich davon aus, dass die Welt der Märchen mit ihren Hexen, Zauberern und Zwergen real ist.

Überwiegend ganz real ist aber die geografische Welt, in der Herakles seine Aufgaben zu erfüllen hat. Sie erstreckt sich im gesamten Mittelmeerraum, vom Schwarzen Meer im Osten bis zur spanischen Atlantikküste, von Nordafrika und Kleinasien bis zu den Alpen. Die meisten Abenteuer spielen sich aber natürlich in Griechenland ab, vor allem auf der Halbinsel Peloponnes, die auf der Landkarte einer Hand ähnlich sieht, der nur der kleine Finger fehlt, aber auch in Mittel- und Nordgriechenland sowie auf der Insel Kreta.

Der Sohn von Zeus und Alkmene

Hera, die stolze Göttin, Zeus Kronions Gemahlin und Herrin des Olymps, war sehr übler Laune. Und das war kaum verwunderlich, denn sie hatte an diesem Tage eine Botschaft erhalten, die ihr gründlich missfiel.

Nicht dass die Nachricht sie sehr überrascht hätte. Sie kannte ihren erhabenen Gemahl sehr gut und es war nicht das erste Mal, dass ihr Ähnliches zugetragen wurde.

Zeus hatte nun einmal, neben den vielen guten Eigenschaften, die man den unsterblichen Göttern zuschrieb, eine recht menschliche, die Hera schon viel Kummer bereitet hatte. Es geschah nämlich nicht selten, dass der Vater der Götter und Menschen, wenn er sich unerkannt in irgendeiner Gestalt auf die Erde begab, einer schönen Frau begegnete. Und dann erging es dem mächtigen Zeus nicht besser als manchem schwachen Sterblichen: Er vermochte ihrer Schönheit nicht zu widerstehen. Hera kannte sie alle, diese irdischen Frauen, deren Dasein ihr, der obersten Göttin, ein schmerzlicher Dorn im Auge war. Und an diesem bösen Tag fiel ihr in ihrem Zorn mit ganz besonderer Deutlichkeit allerlei wieder ein, was sie gerne vergessen hätte.

Da war das Mädchen Io, die zierliche schnellfüßige Tochter des Pelasgerkönigs Inachos, die auf den Weiden von Lerna die Herden ihres Vaters hütete. Hatte Hera etwa nicht mit eigenen Augen gesehen, wie ihr treuloser Gemahl das erschrockene Mädchen mit den eifrigsten Schmeicheleien zu umgarnen versuchte und wie er, als sie vor ihm floh, einen dichten Nebel über die Gegend fallen ließ, in dem sie nicht mehr aus noch ein wusste und ihm geradewegs in die Arme lief? Freilich hatte sie, Hera, den Nebel sogleich wieder aufgelöst und es war Zeus, als er sich entdeckt sah, in seinem Schrecken nichts Besseres eingefallen, als Io schleunigst in eine Kuh zu verwandeln, um damit seine zürnende Gemahlin – vielleicht – zu täuschen. Hera lächelte grimmig, als sie daran dachte, wie viel Mühe es ihn gekostet hatte, dem Mädchen seine wahre Gestalt wiederzugeben!

Und damals, als er die schöne Europa entführte – hatte er sich nicht zum Gespött der anderen Götter gemacht, indem er sich in einen Stier verwandelte und das Mädchen mit allerlei demütigen Gebärden bewog, auf seinen Rücken zu steigen, um dann mit ihr durch die Weltmeere zu jagen, als hätte ihn der Wahnwitz befallen? Oder war es etwa des erhabenen Olympiers würdig, sich in einen Schwan zu verwandeln, nur weil Ledas Schönheit ihn bezauberte und weil er hoffte, dass sie ihn in der Gestalt dieses anmutigen Vogels gerne um sich haben würde?

Ja, und jetzt hatte sich also abermals etwas ereignet, das Heras heftigen Zorn erregte. Alkmene, die Tochter des berühmten Helden Perseus und Gemahlin des Königs Amphitryon, hatte in ihrem Palast in Theben einen Sohn zur Welt gebracht. Aber jedermann wusste, dass Amphitryon nicht sein wirklicher Vater war. Denn Herakles – so nannte man den Knaben – war Zeus Kronions Sohn. Niemand zweifelte daran. Das Kind war vom Tage seiner Geburt an so schön und stark, wie es eben nur Göttersöhne sind. Und überdies hatte Zeus zum Ärger seiner hohen Gemahlin im Kreise der anderen Götter damit geprahlt, er werde dem Knaben alle Vorzüge verleihen, die seinem Sohne gebührten. »Und am Ende seines Erdenlebens wird ihm Unsterblichkeit zuteilwerden«, sprach Zeus stolz.

Er ahnte nicht, auf was für eine wunderliche Weise seine Worte in Erfüllung gehen sollten.

Es herrschte ein betretenes Schweigen im goldenen Saal auf dem Olymps, als der Gebieter seine Rede geendet hatte. Verstohlene Blicke suchten Heras Gesicht, das so finster war wie eine Gewitternacht.

Langsam erhob sie sich von ihrem Thron. Sie schritt am Thron ihres Gemahls vorüber, ohne ihn eines Blickes zu würdigen, und verließ den Saal. Mit einem lauten Schlag, der die Wände erzittern ließ, schloss sich das Tor hinter ihr.

»Mir scheint, diesmal ist das Maß voll!«, murmelte Poseidon unbehaglich. »Sie wird sich rächen!«

Zeus hörte es und runzelte die Brauen, die sich schwarz wie Rabengefieder über seinen Augen wölbten.

»Sie wird sich hüten!«, sagte er hochmütig. »Wer könnte an mir Rache nehmen?«

Niemand antwortete. Sie dachten alle daran, was geschehen war, wenn je einer von ihnen es gewagt hatte, sich gegen Zeus aufzulehnen.

Auch Hera dachte daran und es kam ihr gar nicht in den Sinn, sich an ihrem Gemahl selbst zu rächen! Oh nein, ihre Rache würde ganz anders sein!

Sie zuckte erschrocken zusammen, denn plötzlich stand jemand neben ihr. Es war Pallas Athene.

Hera empfand stets fast etwas wie Scheu vor dieser Göttin, der die Klugheit auf der Stirn geschrieben stand und deren hellen Augen nichts verborgen zu bleiben schien.

Athene war nicht ihre Tochter, obgleich sie Zeus Kronions Tochter war. Einstmals, vor undenklichen Zeiten, war sie aus seinem Haupte entsprungen. Das wussten alle, Götter und Menschen. Hera hätte nur zu gern gewusst, wie sie das wohl bewerkstelligt hatte, einfach aus dem gewaltigen Haupt ihres Gemahls hervorzukommen und zur mächtigen Göttin der Weisheit, des Friedens, der Staatskunst und anderer Wissenschaften zu werden, von denen Hera nicht viel verstand: Denn auch unter den Unsterblichen waren die Geistesgaben nicht gleichmäßig verteilt, genauso wenig wie unter den Menschen.

Während ihr dies alles schnell durch den Kopf ging und ihre üble Laune davon keineswegs besser wurde, kam ihr ein guter Gedanke – so meinte sie wenigstens. Vielleicht konnte Athene ihr nützlich sein bei dem, was sie vorhatte, da sie doch so klug war! »Ich will zur Erde hinab!«, sagte sie hastig. »Ich . . . es ist . . . ich habe unten etwas Wichtiges zu tun! Möchtest du mich nicht begleiten?«

Athene warf ihr einen schnellen Blick zu. Ihre Augen waren groß und leuchtend, aber sehr ernst.

Sie weiß alles!, dachte Hera unbehaglich. Und sie wird mir niemals helfen, wenn ich jemandem ein Unrecht zufüge! Hätte ich nur geschwiegen!

Aber die Reue kam zu spät. »Ich will gerne mit dir kommen!«, sagte Athene freundlich und rief die Rosse mit dem goldenen Wagen herbei, die sie alsbald in sausendem Flug zur Erde brachten. Athene lächelte ein wenig, als Hera nicht weit von den Toren der Stadt Theben entfernt ihr Gefährt anhielt. Sie machten sich auf den Weg zur Stadt, während Rosse und Wagen wie der Blitz verschwanden.

Athene fragte nichts: Sie wusste, was Hera tun wollte. Vielleicht konnte sie es verhindern!

Ohne große Eile folgten die beiden Göttinnen dem Weg, der zur Stadt führte. Die Sonne brannte heiß, kein Baum spendete Schatten, nur am Wegrand zog sich ein Dickicht von Tamariskenbüschen hin.

Als sie daran vorüberkamen, stutzte Hera plötzlich. Aus dem Gesträuch drangen seltsame Laute hervor. »Da weint ein Kind!«, sagte Hera verwundert.

Abermals glitt ein Lächeln über Athenes Gesicht. »Du hast recht«, antwortete sie langsam, »und da du die Beschützerin der Mütter und Kinder bist, wirst du dich gewiss darum kümmern!« Hera hatte schon die Tamariskenzweige auseinandergebogen. Im nächsten Augenblick schrie sie vor Überraschung leise auf. Vor ihr auf der Erde lag ein kleiner Knabe. Er hatte nichts am Leibe als einen Kittel aus grobem verschlissenem Leinen – seine Eltern mussten wohl sehr arme Leute sein! Aber er war so schön und kräftig, dass Hera ihn mit Entzücken betrachtete und für eine Weile ihren Zorn vergaß.

»Wahrhaftig, ich habe nie ein schöneres Kind gesehen!«, sagte sie. »Was für ein Narr mag es nur ausgesetzt haben!« »Es ist schön und stark, wie Göttersöhne sind!«, stimmte Athene zu, die den Knaben sehr aufmerksam betrachtete. »Es ist nur schade, dass er hier elend verschmachten muss, wenn sich niemand seiner annimmt«, fuhr sie mitleidig fort. »Aber du wirst ihn ja gewiss retten, das ist deine Pflicht. Lass ihn doch ein wenig an deiner Brust trinken!«

Hera beugte sich zu dem Kind herab. »Er kann noch nicht viele Tage alt sein«, meinte sie nachdenklich. »Aber sieh nur, wie glatt seine Haut ist, wie ebenmäßig die kleinen Glieder und wie golden sein Haar schimmert!«

Und weil sie nun einmal die Göttin der Mütter und Kinder war, meinte sie, ja, es sei wohl ihre Pflicht, und sie hob den Knaben auf und legte ihn an ihre Brust. Er begann sogleich begierig zu trinken.

Hera aber stieß im nächsten Augenblick einen lauten Schmerzensschrei aus und ließ ihn zu Boden fallen. Erschrocken starrte sie Athene an. »Das geht nicht mit rechten Dingen zu! Er hat mir wehgetan! Er ist viel zu stark für sein Alter! Vielleicht ist er ein kleiner Dämon!«

Athene begann plötzlich zu lachen.

»Warum lachst du denn?«, fragte Hera misstrauisch. »Du weißt, es gibt zwischen dem Himmel der Götter und der Erde der Menschen genug von diesen boshaften Geistern, die auch uns gerne einen Streich spielen, wenn sie können!«

Athene lachte noch immer. Sie wusste längst, wer dieses Kind war.

»Ich schwöre dir, es ist kein böser Dämon«, sagte sie. »Aber wir wollen doch nachsehen, ob er sich bei dem Sturz nicht verletzt hat.«

Aber der seltsame Knabe schien nicht den geringsten Schaden erlitten zu haben. Er lag ganz vergnügt da auf der Erde und sah so strahlend aus, als hätten ein paar Tropfen von der Milch der Göttin ihn vom Kopf bis zu den Zehen mit Kraft erfüllt. So war es auch. Und als Hera später erfuhr, wem sie das Leben gerettet hatte, und als sie begriff, dass dieser Knabe, der an ihrer Brust getrunken hatte, dadurch Unsterblichkeit erlangte, da weinte sie vor Wut.

Aber das alles wusste sie zu dieser Zeit noch nicht. »Was sollen wir denn jetzt mit dem Knaben anfangen?«, fragte sie ratlos. »Ich kann ihn nicht mitnehmen nach Theben, denn er würde mir hinderlich sein bei dem, was ich zu tun habe!«, fügte sie düster hinzu.

Jetzt schien es Athene an der Zeit einzugreifen, um Unheil zu verhindern. »Überlass ihn mir!«, sprach sie entschlossen. »Geh du in die Stadt und tu das, wozu du hergekommen bist! Ich werde inzwischen den Knaben zu Menschen bringen, die ihn aufnehmen! Danach kommen wir beide hierher zurück!« Hera machte sich sogleich auf den Weg. Sie dachte jetzt nur noch an ihre Rache. Athene blickte ihr eine Weile nach, dann folgte sie ihr langsam, das Kind auf dem Arm. Sie sah jetzt aus wie eine ärmlich gekleidete junge Frau und jedermann konnte sie sehen, denn es ist den Unsterblichen ja ein Leichtes, sich unsichtbar zu machen oder irgendeine Gestalt anzunehmen. Hera aber sah niemand. Sie schlüpfte durch eines der sieben Tore, das eben geöffnet wurde, und begab sich geradewegs zum Palast des Königs.

Es herrschte großes Gedränge in den Straßen und manchmal stieß sie an jemanden, der sich dann kopfschüttelnd umblickte, weil er nicht wusste, wer ihn da gestoßen hatte.

So kam die zornige Göttin an eine kleine Seitenpforte des Palastes, vor der ein riesiger Wächter stand.

Er fühlte sich plötzlich unsanft zur Seite geschoben und wusste nicht, wie ihm geschah. Da war doch niemand! Kalter Schweiß trat ihm auf die Stirne. Hatten die Götter ihm den Verstand geraubt? Hera aber lief schon durch die Gänge des Palastes zu den Gemächern der Königin.

Da war eine goldene Tür, die stand offen. Lautlos trat Hera ein. Mehrere Frauen befanden sich in dem Saal mit den schimmernden Wänden und den Marmorsäulen. Es mochten wohl Dienerinnen sein.

Dann sah sie Alkmene. Hera wusste sogleich, dass sie es war. So wunderschön konnte keine andere Sterbliche sein. Aber warum schien sie so traurig? Und warum hatten die Mägde verstörte Gesichter und verweinte Augen?

Hera nahm sich nicht viel Zeit, darüber nachzudenken. Sie hasste Alkmene – aber ihr konnte sie wohl nichts anhaben, denn Zeus würde sie beschützen. Nein, sie wollte das Kind, diesen Knaben Herakles!

Noch wusste sie nicht, was sie mit ihm tun wollte. Nur fortnehmen würde sie ihn und ihn irgendwohin bringen, wo ihn selbst Zeus nicht mehr fand – und wenn sie sogar in die grausige Nacht des Hades hinabsteigen musste, um ihn zu verbergen! Aber wo war der Knabe?

Sie lief schon wieder weiter, von einem Gemach zum anderen. Endlich kam sie zu einer kleinen Kammer, die war prächtig ausgestattet mit Teppichen und Kissen und allerlei kostbaren Dingen. An der Wand stand eine Wiege, sie musste aus purem Gold sein, mit kunstvollem Bildwerk verziert und mit vielen Edelsteinen besetzt.

Heras Herz begann, wild zu klopfen. Endlich! Aber – da in der Ecke saß ja schon wieder ein Magd, hielt die Hände vor das Gesicht und heulte. Was hatten sie nur alle? Ärgerlich schüttelte sie den Kopf. Was kümmert es mich?, dachte sie. Ich will das Kind, sonst nichts!

Mit ein paar schnellen Schritten stand sie vor der Wiege. Im nächsten Augenblick schrie sie vor Wut und Enttäuschung auf. Die Wiege war leer!

Die Magd war bei dem Schrei entsetzt in die Höhe gefahren. Sie starrte um sich – doch da war niemand! Hatte ein böser Dämon sie genarrt! Aber sie hatte den zornigen Schrei doch ganz deutlich gehört! Ach, es geschahen schreckliche Dinge im Königspalast, der öde und unheimlich schien, seit der schöne Knabe fort war, den sie alle so sehr geliebt hatten und von dem jedermann sagte, er sei ein Sohn des Zeus! Schluchzend lief sie aus der Kammer. Aber was war das nun wieder? Gerade unter der Tür streifte jemand an ihr vorüber, leicht wie ein Hauch berührte sie ein Gewand oder was es sonst sein mochte. »Oh Götter!«, ächzte sie und lief den Gang hinab. Sie musste schnell zu anderen Menschen kommen, sonst würde sie vor Angst gewiss sterben! Derweilen hatte auch Athene den Palast erreicht. Das Kind war jetzt ganz still, und wenn sie es ansah, lächelte es, als wüsste es allerlei. Niemand hielt sie auf, als sie den Palast betrat, die Wächter mochten sie wohl für eine der vielen Dienerinnen halten. Sie begab sich geradewegs in den Saal mit den goldenen Wänden, wo sie Alkmene und eine Schar aufgeregter Mägde fand. Die Königin saß in ihrem Thronsessel, ihre Hand, in der sie die Spindel hielt, war hinabgesunken und sie blickte verstört die Dienerin an, die vor ihr kniete und mit schreckensbleichem Gesicht eine sehr merkwürdige Geschichte erzählte. Athene blieb einen Augenblick an der Tür stehen und hörte zu. Sie wusste, die Magd sprach die Wahrheit. Denn sie selbst hatte genau gesehen, wie Hera wütend den Palast verließ, zum Tor hinauslief und im Gewimmel der Straße verschwand. Sie war also hier, um Herakles zu holen!, dachte Athene. Ich habe es gewusst!

Aber sie hat keine Ahnung, dass unser zerlumptes Findelkind der verhasste Sohn der Königin sein könnte. Also ist der Knabe jetzt bei Alkmene in Sicherheit: Denn ein zweites Mal wird ihn Hera hier gewiss nicht suchen!

Doch dieses eine Mal irrte sie sich: Denn immerhin besaß die oberste Göttin große Macht und der Hass machte sie erfinderisch. –

Die Königin fuhr plötzlich auf: Ihr Blick war auf die fremde Frau gefallen, die unten am Eingang stand und ein Kind im Arm hielt. Und dieses Kind –

Im nächsten Augenblick stand sie vor der Fremden, nahm ihr den Knaben ab, drückte ihn an sich und über ihre Wangen stürzten die Tränen herab, während sie sich über das kleine Gesicht beugte. Endlich hob sie den Kopf. »Wo hast du meinen Sohn gefunden?«, fragte sie.

Aber da war niemand mehr, der ihr Antwort gab. Die fremde Frau war verschwunden und die Mägde liefen umsonst durch die Gänge des Palastes, um sie zu suchen. –

Athene erreichte sehr schnell den Platz vor der Stadt, wo Hera schon auf sie wartete. Das Gesicht der erhabenen Göttin trug jetzt einen zufriedenen Ausdruck und das gefiel Athene ganz und gar nicht! Hera hatte irgendetwas Neues ausgeheckt, um ihren Rachedurst zu befriedigen, das schien ihr gewiss. Aber was? Darüber dachte Athene vergeblich nach, während der goldene Wagen sie zurückbrachte zum Olymp.

Alles wusste selbst diese kluge Göttin nicht. Sie wusste nicht, dass Hera, während sie da wartete, zwei der listigsten und bösartigsten Schlangen aus der Unterwelt heraufgerufen und ihnen befohlen hatte, den Knaben Herakles zu suchen und ihn zu töten. Königin Alkmene aber war an diesem Abend so glücklich wie noch nie in ihrem Leben. Sie hatte ihren Sohn wieder nach einem langen schrecklichen Tag voll Angst und Kummer! Alles, was an diesem Tag geschehen war, schien ihr wie ein böser Traum. Früh am Morgen war die alte Seherin, die ihr zuweilen die Zukunft vorhersagte, in ihr Schlafgemach getreten. »Gib acht, Königin!«, hatte sie sehr ernst gesagt. »Dein Sohn ist in großer Gefahr. Hera hasst ihn und trachtet ihm nach dem Leben. Ich vermag dir nicht zu sagen, was die Göttin tun wird. Aber ich weiß, dass noch heute etwas geschieht. Bring Herakles in Sicherheit, wenn du kannst!« Damit war die Alte fortgegangen und Alkmene blieb mit ihrer Angst allein. So war es immer, dachte sie verzweifelt: Man erfuhr von diesen Sehern nur, dass irgendetwas Schreckliches geschehen würde, aber niemals erhielt man Gewissheit! Was sollte sie tun und was würde Hera tun? Götter vermochten vieles, von dem die Sterblichen nichts ahnten!

Sie überlegte fieberhaft. Aber jeden Ausweg, der ihr einfiel, verwarf sie sogleich wieder, weil ihr keiner Rettung verhieß. Nur eines schien ihr gewiss: Herakles musste fort aus dem Palast. Denn hier würde Hera ihn zuerst suchen. Aber wohin? In einen Tempel? Oh nein, wie konnten Tempelmauern ihn vor der mächtigsten Göttin schützen? Sollte sie ihn zu fremden Menschen in ein fremdes Haus bringen? Er würde sich fürchten und Hera hätte es sehr bald erfahren. Sie brauchte nur Hermes, den Götterboten, oder die flinke Iris auszusenden oder auch nur zu warten, bis Fama, das tausendzüngige Gerücht, ihr sein Versteck verriet. Eine Höhle im Wald? Aber die wilden Tiere würden ihn fressen . . .

Endlich, als die Königin vor lauter Ratlosigkeit nicht mehr aus noch ein wusste, kam ihr ein Gedanke. Es war auch dies kein guter Ausweg – aber er schien ihr immer noch besser als die anderen. Sie rief ihre Mägde zusammen und erzählte, was sie von der Seherin erfahren hatte.

Sie begannen samt und sonders zu weinen und zu jammern, denn es gab keine unter ihnen, die den Sohn ihrer Herrin nicht geliebt hätte wie ihr eigenes Kind.

»Ich weiß nicht, ob es ihn retten kann«, sagte Alkmene endlich traurig, »aber ich habe beschlossen, ihn in das Tamariskengebüsch draußen vor den Mauern zu bringen. Die Sträucher stehen sehr dicht und niemand wird ihn dort suchen – auch Hera nicht. Er wird Schatten haben und die wilden Tiere wagen sich nicht so nahe an die Stadt heran. Ich will ihn mit einem groben Kittel bekleiden: So wird es aussehen, als hätten ihn arme Leute ausgesetzt, die ihn nicht ernähren können. Wer sollte da auf den Gedanken kommen, dass das Kind mein Sohn ist? Von Zeit zu Zeit aber muss eine von euch hinauslaufen zum Gehölz und nachsehen, ob es ihm gut geht. Und dann müssen wir eben warten, was heute geschieht. Wenn die Seherin wahr gesprochen hat, ist die Gefahr am Abend vorüber und wir können Herakles zurückholen – so hoffe ich«, fügte sie bekümmert hinzu.

Alles geschah, wie Alkmene es in ihrer Angst und Verwirrung befahl. Zwar schüttelten die Mägde die Köpfe, aber sie gehorchten. Eine alte Dienerin trug den Knaben, der nichts am Leibe hatte als ein zerschlissenes Leinenhemd, hinaus vor die Mauern und legte ihn fürsorglich in den Schatten der Tamarisken, ein wenig abseits von der Straße, die zur Stadt führte.

»Mögen die Götter dich behüten«, murmelte sie und machte sich betrübt auf den Heimweg. »Die anderen Götter, meine ich«, verbesserte sie sich hastig, »denn Hera darfst du nicht unter die Augen kommen, sonst ist es um dich geschehen!«

Die Mägde liefen an diesem Tag emsig zwischen dem Palast und den Tamariskenbüschen hin und her, ohne dass die Königin sie erst dazu zu ermahnen brauchte.

Alkmene aber saß in ihrem goldenen Saal, ihre Hände drehten die Spindel und manchmal riss der Faden oder er wurde dick und hässlich, weil sie vor lauter Tränen nichts mehr sehen konnte. Die Stunden schlichen mit schrecklicher Langsamkeit dahin. Mägde kamen herein, rot und heiß von der Sonne, und sagten: »Es geht ihm gut! Nur ist die Hitze jetzt sehr groß. Wir legen ihn aber immer wieder an einen Platz, wo es schattig ist! Wir haben ihm auch zu trinken gegeben und er hat uns fröhlich angelacht!« So erzählten die Dienerinnen und es tröstete die Königin für eine kurze Weile. –

Und dann stürzte plötzlich diese schreiende Magd herein und führte wirre Reden von einem bösen Dämon, der sie zu Tode erschreckt habe. »Ich schwöre dir, Herrin, ich habe den wütenden Schrei ganz deutlich gehört, und darauf strich etwas an mir vorbei – aber es war ja nichts da – nichts und niemand . . .«

Hera!, dachte Alkmene, die atemlos zugehört hatte. Hera war hier und sie hat Herakles nicht gefunden – darum war sie so zornig! Aber nun ist alles gut. Die Seherin hat die Wahrheit gesagt und mein Sohn ist gerettet. Was für ein Glück, dass ich ihn aus dem Palast fortgebracht habe. Jetzt will ich ihn sogleich holen lassen! In diesem Augenblick sah sie die fremde Frau, die den Knaben im Arm hielt! –

Ja, nun schien wirklich alles gut. Die Mägde weinten vor Freude und holten die Wiege aus der Kammer des Knaben, denn die Königin hatte gesagt: »Von nun an will ich Herakles nie mehr allein lassen. Stellt die Wiege in mein Schlafgemach dicht neben mein eigenes Bett. Wer ihm etwas zuleide tun will, der wird zuerst mich töten müssen!«

Später, als der Knabe längst schlief, saß sie neben ihm, lange Zeit. Sie sah ihn nur an. Es schien ihr, als sei er noch schöner geworden als zuvor. Und wenn es nicht so närrisch wäre, würde ich sagen, er ist seit dem Morgen auch gewachsen, dachte sie kopfschüttelnd und musste ein wenig über sich selbst lachen. Endlich begab auch sie sich zur Ruhe. –

Im Palast war es still geworden. Draußen lag die Dunkelheit der Sommernacht, nur ein Streifen Mondlicht fiel durch die Fensteröffnung.

Plötzlich war in der tiefen Stille ein Geräusch. Ein leiser Laut nur, wie ein Schleifen oder Rascheln. Ein schmaler schwarzer Schatten glitt durch das Mondlicht – und dann ein zweiter. Sie glitten auf die Wiege zu und richteten sich auf. Dünn und biegsam wie Peitschenschnüre lagen sie einen Augenblick still auf dem Luchsfell, mit dem der schlafende Knabe zugedeckt war. Herakles schlief immer noch und auch die Königin schlief, ohne Ahnung von der tödlichen Gefahr, die ihr Kind bedrohte. Denn nun hatten Heras Schlangen den

Knaben gefunden. Langsam bewegten sie sich vorwärts, schlüpften glatt und kühl unter dem Nacken des kleinen Schläfers durch und begannen, sich um seinen Hals zu winden.

Da erwachte Herakles. Sein Schrei riss Alkmene aus dem Schlaf und weckte auch die Mägde, die in der Kammer daneben schliefen. Entsetzt sprang die Königin auf und beugte sich über die Wiege. Oh Götter, was war mit ihrem Knaben? Er keuchte und wand sich und in den beiden kleinen Fäusten hielt er etwas in die Höhe – was war es denn nur – sie konnte in der Dunkelheit nur ein schwärzliches Geringel ausmachen.

Da rannte die erste Magd herbei mit einer Öllampe in der Hand. Und dann sahen sie es: Herakles hielt in jeder Faust eine dünne schwarze Schlange – er hatte sie genau hinter dem Kopf gepackt und seine Finger drückten ihnen den Hals zu, dass sein Gesicht vor Anstrengung feuerrot wurde.

Er weinte nicht, oh nein, er sah nur sehr wild und zornig aus und die Königin starrte ihn erschrocken an, weil er ihr mit einem Mal seltsam fremd erschien.

Die Schlangen hingen jetzt schlaff und leblos herab und Herakles ließ sie fallen. Er schien zu wissen, dass sie tot waren. Er blickte zu seiner Mutter hinauf und allmählich wurde sein kleines wildes Gesicht wieder ruhig und friedlich. Ein strahlendes Lächeln zog darüber hin und einen Augenblick später war er eingeschlafen, als sei überhaupt nichts geschehen. Alkmene saß an der Wiege, bis der Morgen graute. Ihre sorgenvollen Gedanken ließen ihr keine Ruhe. Was würde eines Tages aus ihrem kleinen Knaben werden?

Die Kunde von dem, was in der Nacht geschehen war, ging wie ein Lauffeuer durch den Palast.

Sehr bald kam sie auch dem König zu Ohren und er begab sich sogleich in die Gemächer seiner Gemahlin. Lange und sehr ernst blickte er auf den schlafenden Knaben hinab. »Ich will Tireisias, den Seher, rufen lassen«, sagte er endlich. »Er soll mir weissagen, was die Schicksalsgöttinnen diesem Kind bestimmt haben. Denn Göttersöhne leben nicht wie die Söhne der Sterblichen.«

Tireisias kam. Er genoss große Berühmtheit, weil ihm die Gabe verliehen war, in die Zukunft zu schauen, die anderen Menschen verborgen blieb.

»König Amphitryon«, sagte er, »dieser Knabe wird einst ein großer Held sein, von dem die Sänger noch nach Jahrhunderten erzählen werden. Er wird viele Länder durchwandern und viele Abenteuer und Kämpfe zu bestehen haben, denn das Leben der Göttersöhne ist niemals leicht und geruhsam. Herakles aber erwartet am Ende seines Erdenlebens und nach aller überstandenen Mühsal die Unsterblichkeit. Dies ist Zeus Kronions Wille und« – er lächelte plötzlich, dass die Falten in seinem uralten Gesicht zuckten – »und Hera hat ihm dazu verholfen, denn er hat die Milch der Göttin getrunken.«

»So will ich ihm eine Erziehung geben lassen, die seiner würdig ist«, sprach Amphitryon. »Die berühmtesten Helden sollen ihn alle kriegerischen Tugenden lehren: Tapferkeit, Ehrlichkeit im Kampf, Edelmut gegen den besiegten Feind. Die besten Bogenschützen, die stärksten Speerwerfer und die geschicktesten Wagenlenker werde ich ihm zu Lehrmeistern geben. Aber auch in den Künsten und Wissenschaften will ich ihn unterweisen lassen und eines Tages wird jedermann den Namen Herakles mit Bewunderung nennen.«

Herakles entscheidet sich

Der König hielt Wort. Ein paar Jahre gingen schnell vorüber und der Knabe Herakles wuchs heran; er wurde groß und stark und klug, weit über sein Alter hinaus.

Amphitryon sah es mit heimlicher Freude, und als es ihm an der Zeit schien, ließ er die besten Lehrmeister an den Hof kommen. Die begannen, sich sehr schnell über ihren Schüler zu wundern. Denn er war nicht nur wissbegierig – das hätte gewiss ihr Wohlgefallen erregt –, aber er war vom Wissensdurst förmlich besessen! Er wollte von ihnen erfahren, was sie selbst nicht einmal wussten, und das war zuweilen lästig. Darum wiesen sie ihn oft ungeduldig ab, verspotteten ihn wohl auch und nannten seine Fragen töricht. Dann wurde Herakles stets zornig. Zwar war er im Grunde seines Wesens gutmütig, aber er besaß einen unbändigen Stolz. Spott und Ungerechtigkeit konnte er nicht ertragen. Und je älter er wurde, desto empfindlicher wurde sein Stolz und desto gefährlicher sein Jähzorn.

Als er zwölf Jahre alt war, überragte er alle seine Gefährten um Hauptеslänge.

Er war stärker als sie alle. Wenn er beim Wettkampf den Speer oder den Diskus, die schwere Wurfscheibe, schleuderte, besiegte er bald die berühmten Krieger, die es ihn zuvor gelehrt hatten. Und als er achtzehn Jahre alt war, sagte man, es gäbe im ganzen Lande niemanden, der so groß und so stark sei wie dieser Jüngling Herakles.

Er freute sich über seinen Ruhm und war stolz, wenn er ein Paar wilder Pferde gezähmt hatte, die niemand sonst zu zähmen vermochte.

Es gab kein Kampfspiel, an dem er nicht teilnahm, und keines, in dem er unterlag.

Das trug ihm zuweilen den Neid der Gefährten ein. Darum gab es manchen Streit unter den jungen Männern.

Und dann konnte es geschehen, dass ihn sein jäher Zorn packte und ihm jede Besinnung raubte.

Freilich reute es ihn nachher stets sehr schnell, wenn er einen Gegner an die Mauer oder auf die Steine des Hofes geworfen hatte, dass ihm einige Knochen zerbrachen. Er war nun einmal so entsetzlich stark und er hätte daran denken müssen; aber der Zorn ließ es ihn immer wieder vergessen.

Dem König und der Königin machte seine Wildheit große Sorgen und die weisesten seiner Lehrer mahnten ihn vergeblich zur Mäßigung.

»Nicht der ist ein Held, der einen Gegner niederzuschlagen vermag, weil er stärker ist, sondern derjenige, der sich selbst bezwingt«, hielten sie ihm vor.

»Ich weiß es«, sagte er traurig, holte seine Leier und begann zu spielen oder er ergriff den Stift, um sich im Schreiben zu üben, und nahm sich vor, den Rat der weisen Männer zu beherzigen. Aber es erging ihm nicht anders, als es auch anderen Sterblichen mit ihren guten Vorsätzen seit eh und je ergangen ist. Und so geschah eines Tages etwas sehr Schlimmes. Amphitryon hatte einen Mann an den Hof berufen, der sich sehr viel auf seine schöne Schrift einbildete. Und wirklich gab es unter den Buchrollen, in denen Gesetze, Verträge oder wichtige Ereignisse aufgezeichnet waren, sehr viele, die er mit den feinsten, zierlichsten Zeichen beschrieben hatte.

Aber er war ein alter Griesgram und machte Herakles das

Leben sauer. Er verspottete ihn und schlug ihn sogar, wenn seine Schriftzeichen trotz aller redlichen Mühe nicht so gut gelangen wie die seines berühmten Lehrers.

Und eines bösen Tages dann –

Der Alte hatte Herakles befohlen, zwölfmal das gleiche Zeichen zu schreiben. Herakles gehorchte, aber sein Gesicht war feuerrot, als der Lehrer immer noch mit einem hämischen Lächeln den Kopf schüttelte. »Du solltest lieber die Ochsen deines Vaters hüten, als schreiben lernen!«, sagte er und versetzte dem Jüngling einen heftigen Schlag ins Gesicht.

Da sprang Herakles auf, ergriff die Leier, die neben ihm an der Säule lehnte, und schlug sie dem Alten über den Kopf, dass er ohne einen Laut niederstürzte.

Danach stand er da, regungslos, wie zu Stein erstarrt, er wusste nicht, wie lange. Er wusste überhaupt nichts, nur dass dieser Mann da vor ihm auf dem Boden tot war und dass er ihn erschlagen hatte. »Aber ich habe es nicht gewollt, nein, gewiss nicht!«, murmelte er.

Und dann stand Amphitryon vor ihm. Herakles starrte ihn aus halb blinden Augen an. Er sah den Kummer im Gesicht des Königs, der ihm so viel Gutes erwiesen hatte, und er wäre in diesem Augenblick gerne tot gewesen. Amphitryon sprach nicht viel.

»Rhadamanthys wird über dich richten!«, sagte er nur. »Gerechtigkeit muss für jedermann gleichermaßen gelten – auch für dich!« Herakles widersprach nicht: Es schien ihm recht und billig. Er kannte Rhadamanthys. Man nannte ihn den »Unsterblichen« und es war ihm geweissagt worden, nach dem Ende seines Erdenlebens werde er unten im Totenreiche über die Schatten zu Gericht sitzen.

Es geschah alles, wie das Gesetz es vorschrieb. Die Herolde beriefen die Ältesten und andere vornehme Männer zur Versammlung auf den Markt von Theben. Wie stets strömten auch die Neugierigen herbei, drängten sich ringsum und reckten die Hälse. Dumpfes Gemurmel erfüllte den Platz. Plötzlich wurde es still.

Der König kam. Zu seiner Rechten ging Rhadamanthys und einen Schritt hinter ihnen Herakles.

Er sah traurig und verwirrt aus, als könnte er alles, was geschehen war, nicht begreifen.

Einmal hob er den Kopf und blickte sich im Kreise um, wie einer, der aus einem bösen Traum zu erwachen sucht. Eine jähe zornige Röte flog über sein Gesicht. Oh, wie sie ihn alle anstarrten, neugierig, als wäre er ein wildes Tier! Er wusste nicht, dass sich seine Hände schon wieder zu Fäusten ballten, während er weiterging. Dann musste er stehen bleiben, weil der König und Rhadamanthys stehen geblieben waren.

Fast gleichgültig, als ginge es ihn nichts an, beobachtete er, wie sie die beiden steinernen Richtersessel einnahmen und wie sich die Ältesten ringsum auf die Bänke setzten, jeder auf den Platz, der ihm zukam.

Plötzlich merkte Herakles, dass der Richter ihn unverwandt und sehr aufmerksam ansah. Seine Augen waren hell, kluge, gute Augen, dachte Herakles aufatmend. Nein, Rhadamanthys würde ihn niemals härter bestrafen, als es die Gerechtigkeit verlangte. Und das war in Ordnung.

Er zuckte zusammen. »Erzähle, wie sich alles zugetragen

hat!«, hörte er den Richter sagen. Die Stimme tönte sehr laut in der atemlosen Stille, obgleich Rhadamanthys ganz ruhig sprach. Aber was sollte er antworten? Wusste er denn, wie es geschehen war? Niemals wusste er nachher genau, was er getan hatte, wenn ihn sein schrecklicher Zorn überkam!

»Bei den unsterblichen Göttern!«, stieß er hervor. »Ich wollte ihn nicht töten! Aber er hat mich verhöhnt und ins Gesicht geschlagen, nur weil meine Schriftzeichen nicht so schön waren wie die seinigen! Und da –«

»Und da hast du ihn eben doch getötet!«, unterbrach ihn der Richter sehr ernst.

Herakles wollte auffahren. Aber Rhadamanthys schüttelte nur den Kopf. »Ich weiß, dass du es nicht wolltest!«, fuhr er fort. »Dennoch ist dein Lehrer tot. Du weißt in deinem Zorn nicht, was du tust, Herakles, und du vergisst, dass du viel stärker bist als die anderen. Das ist gefährlich. Darum soll dich dein Vater fortschicken aus der Stadt, irgendwohin in die Einöde, wo du keinen Schaden anrichten kannst und Zeit hast, zu Verstand zu kommen. Wenn du dann begriffen hast, dass du die große Kraft, die dir die Götter verliehen haben, nicht zum Bösen, sondern zu guten Taten nützen sollst, dann magst du wieder zurückkehren! Du verdankst es nur deiner Jugend, dass ich nicht eine härtere Strafe über dich verhänge!«, fügte er streng hinzu.

Er wandte sich an die Männer, die schweigend zugehört hatten. »Erhebt jemand Einspruch gegen das Urteil?«, fragte er. Aber keine Hand hob sich. Sie wussten alle, dass es gerecht war.

So kam Herakles in die Einöde.

Amphitryon besaß weit entfernt von den Städten und den großen Straßen ein Landgut mit riesigen Weidegründen, auf denen er seine Herden hielt.

Die Hirten dort waren wilde Gesellen, die nicht viel Ehrfurcht vor dem Sohn des Königs hatten. Aber sie fürchteten ihn, weil er so groß und stark war, und ließen ihn in Ruhe. Er lebte nicht anders als sie, trug einen wollenen Kittel, ein Seil über Brust und Schulter geschlungen und ein Messer im Gürtel.

Schweigsam und gewissenhaft tat er, was ihm sein Vater aufgetragen hatte, kümmerte sich um die Herden, erschlug mit der gewaltigen Keule, die er sich aus dem Stamm eines Ölbaumes geschnitzt hatte, allerlei Raubwild und musste oft weite Wege gehen, um verlaufene Tiere zurückzuholen. So kam er eines Tages, nachdem er lange nach einer jungen Kuh gesucht hatte, zu einem Kreuzweg. Hier bin ich noch nie gewesen!, dachte er verwundert und blickte sich in der fremden Gegend um. Von der verlaufenen Kuh war weit und breit nichts zu sehen.

»Wenn ich nur wüsste, nach welcher Seite ich gehen soll?«, fragte er sich ein wenig ratlos.

Plötzlich stutzte er. Dort vorne, wo die beiden Wege aufeinandertrafen, standen zwei Frauen. Wie kamen Frauen hierher in die Einöde?

Das schien ihm so merkwürdig, dass er anhielt und sich auf einen Felsblock setzte, um zu überlegen, ob er sie vielleicht fragen sollte, was sie hier suchten. Da merkte er, dass sie beide zu ihm herüberblickten.

Und jetzt begann die eine, eilig auf ihn zuzugehen. Sie schien ihm sehr schön; ihr Gewand war prächtig, in kunstvolle Falten gerafft. Die Ringe an ihren Armen und die Spange auf ihrer Schulter funkelten in der Sonne. Dennoch missfiel ihm etwas an ihr, er wusste nicht genau, was es war.

Fast erschrocken sprang er auf, denn jetzt stand die Frau dicht vor ihm und im gleichen Augenblick begann sie auch schon zu reden.

»Sei gegrüßt, Herakles!« Ihre Stimme klang schmeichelnd und ihre Augen waren groß und strahlend auf sein Gesicht gerichtet. Er wunderte sich, woher sie wohl seinen Namen wusste. Aber sie ließ ihm nicht viel Zeit zum Wundern.

Sie warf einen schnellen Blick zurück zu der anderen Frau, die noch immer still am Kreuzweg stand.

Dann fuhr sie hastig zu reden fort. »Ich sehe, du weißt nicht, wohin du dich wenden sollst«, sagte sie. »Du bist noch jung und hast nicht viel Erfahrung; aber ich will dir gerne helfen. Man kommt immer wieder im Leben an eine Stelle, wo man sich entscheiden muss, ob man nach rechts oder nach links gehen soll«, fuhr sie mit einem sonderbaren Lächeln fort. »Siehst du, wenn du dich dort hinten nach links wendest, wirst du eine breite ebene Straße finden, auf der es sich vergnüglich, ohne Anstrengung und Gefahren gehen lässt. Schlägst du aber die Straße nach rechts ein, so wird der Weg bald steil und steinig werden, Kampf und Mühsal erwarten dich und du wirst deinen törichten Entschluss schnell bereuen. Sei also klug und geh nach links! Und merke dir: Immer im Leben sollst du die Straßen zur Linken gehen! Befolgst du meinen Rat, so wird dein Erdendasein schön und leicht und fröhlich sein. Du wirst ohne Mühe und Plage zu Reichtum gelangen, indem du andere für dich arbeiten lässt und selber die Früchte ihrer Arbeit erntest. Kümmere dich nicht darum, was recht oder unrecht ist – tu, was dir gefällt und was dir selber nützt! So wirst du herrlich und in Freuden leben! Was gehen dich die anderen an?«

Herakles hatte aufmerksam zugehört. Aber je länger die Frau redete, desto misstrauischer wurde er.

Freilich, auf den ersten Blick schien ihr Rat gar nicht so übel. Wer würde nicht gerne herrlich und in Freuden leben? Aber – ihm war, während sie so eindringlich sprach, plötzlich Rhadamanthys in den Sinn gekommen. »Du musst begreifen lernen, dass du deine Kraft nicht zum Bösen, sondern zum Guten nützen sollst!«, hörte er den Richter wieder ganz deutlich sagen. Nein, gut war es ganz gewiss nicht, was ihm die seltsame Fremde riet!

Er sah sie neugierig an. »Wer bist du denn eigentlich?« Die Frage schien ihr nicht sonderlich zu gefallen und sie antwortete nicht gleich. »Meine Freunde nennen mich das irdische Glück«, sagte sie dann. »Die anderen freilich« – sie schwieg wieder und sah auf einmal gar nicht sehr freundlich, sondern sehr finster aus.

»Wie nennen dich die anderen?«, drängte Herakles, dessen Wissbegier jetzt erwacht war.

»Nun – meine Feinde geben mir allerlei hässliche Namen – aber das tun Feinde ja immer«, antwortete sie böse. »Sie nennen mich Lasterhaftigkeit oder Eigennutz oder – ach, was kümmert es dich!«, schloss sie ungeduldig. »Folge meinem Rat und du wirst sehen, dass ich die Wahrheit gesprochen habe!«

Sie verstummte, weil Herakles gar nicht mehr auf sie achtete. Ihr Gesicht verzerrte sich vor Wut zu einer hässlichen Fratze: Denn jetzt stand plötzlich die andere Frau neben ihr. Sie trug nur ein einfaches weißes Leinengewand, ihr liebliches Gesicht war ernst und ohne Falschheit.

»Nun sollst du auch mich hören, Herakles«, sagte sie. »Ich verspreche dir weder ein herrliches Dasein noch Macht und Reichtum. Ich will dir nur sagen, was du tun musst, damit Ordnung in deinem Leben herrscht; denn nur dann wirst du zuletzt glücklich sein! Ehrst du die Götter, so werden sie dir gnädig sein. Willst du, dass dich die Menschen lieben, so tue ihnen Gutes. Erwirb dir den Wohlstand durch redliche Arbeit: Denn man kann nicht ernten, ohne zu säen. Verlangt es dich nach Ruhm unter deinem Volke, so musst du ihn durch Taten erwerben, die seinem Wohle dienen. Und ehe du über andere gebieten kannst, musst du lernen, dich selbst zu beherrschen.«

»Siehst du wohl, Herakles?«, unterbrach sie die Erste mit einem hämischen Lachen. »Du wirst viel Plage und Entbehrung auf dich nehmen müssen, wenn du ihr folgen willst!« – »Du musst selbst entscheiden, welchen Weg du gehen willst: zur Rechten oder zur Linken«, fuhr aber die andere fort, ohne auf den Spott zu achten. »Freilich kannst du die Nächte durchtoben und die Tage verschlafen. Du kannst das Leben eines reichen Prassers führen, bis dir kein Wein mehr mundet und die Köche nicht mehr wissen, mit welcher Speise sie deinen Gaumen noch reizen könnten. Aber wenn dein Leben zu Ende ist, wird kein Mensch um dich trauern oder auch nur an dich denken. Kannst du dich aber dazu durchdringen den Weg zur

Rechten zu gehen, so wird man deinen Namen stets mit Ehrfurcht nennen – auch wenn du längst gestorben bist.«

Herakles hatte atemlos zugehört. Wie anders war sie doch als ihre Gefährtin!

»Und wer bist du – wie nennt man dich?«, fragte er begierig.

Sie sah ihn freundlich an. »Der Name ist nicht wichtig – wichtig ist nur, was du tust. Aber die Menschen nennen mich manchmal Tugend.«

Herakles hätte gerne noch etwas gesagt oder gefragt, aber in seinem Kopf schwirrten die Gedanken so verwirrt durcheinander, dass er nicht gleich Worte fand. Und mit einem Mal schien ihm, als verblassten die beiden Gestalten vor ihm und würden sonderbar durchsichtig – und dann waren sie verschwunden. Er blinzelte im Sonnenlicht. Waren sie ein Traumbild gewesen? Aber er hatte alles so deutlich gesehen und gehört! Herakles setzte sich wieder auf den Stein, hielt die Keule zwischen den Knien und dachte über die seltsame Erscheinung nach. Plötzlich riss er die Augen auf und starrte vor sich auf die Erde. Da war eine Spur – er hatte sie zuvor nicht bemerkt, obgleich sie in dem weichen Boden ganz deutlich zu sehen war: die Eindrücke von riesigen Tatzen und eine Schleifspur, als habe dieses Tier mit den großen Tatzen einen schweren Körper mit sich fortgeschleppt. Herakles begriff im selben Augenblick, was die Spur bedeutete. Ein zorniger Laut, fast wie ein Knurren, kam aus seiner Kehle. »Der Löwe!«, sagte er ganz laut. Er erhob sich langsam, reckte die breiten Schultern und begann vorwärtszugehen, der Spur nach. Sie wandte sich am Kreuzweg nach rechts, dem Wald zu. Herakles lächelte, als er es bemerkte. So werde ich den Weg zur Rechten gehen, dachte er und fühlte, wie ihn plötzlich eine seltsame Fröhlichkeit überkam. Seine Gedanken wandten sich aber sogleich wieder dem Abenteuer zu, dem er entgegenging.

Seit Jahr und Tag nämlich erzählten die Leute in der Gegend von dem riesigen Raubtier, das irgendwo in diesem Wald hauste und Tiere und Menschen überfiel. Kehrte ein Jäger nicht von der Jagd zurück, so schwor jedermann, der Löwe habe ihn gefressen. Verschwand ein Stück Vieh von der Weide, so hatte ganz gewiss das Ungeheuer es geholt. Er hat auch die schöne junge Kuh geraubt, dachte Herakles erbittert. »Aber es soll sein letzter Raub sein«, sagte er zu sich, während er mit mächtigen Schritten den Hang hinaufstieg. »Ich kehre nicht heim, ehe ich ihn erledigt habe!« Er brauchte nicht lange zu suchen. Zerdrücktes Gras und geknickte Zweige wiesen ihm deutlich genug den Weg zwischen Bäumen und Felsblöcken.

Es wurde dämmerig unter den dichten Kronen und Herakles begann, behutsamer vorwärtszuschleichen. Er zog die Luft ein wie ein witterndes Tier. Und dann blieb er stehen, regungslos, ohne einen Laut. Er hatte die Witterung aufgefangen, die er suchte: den wilden, scharfen Geruch des Löwen.

Fast zugleich sah er ihn. Das riesige Tier kauerte unter einem überhängenden Felsen, sein fahles Fell bildete einen hellen Fleck in der Dunkelheit. Und vor ihm lag das, was von dem geraubten Rind noch übrig war.

Herakles biss die Zähne zusammen. Er fühlte, wie die alte, wohlbekannte Wut über ihn kam, die ihn nicht mehr denken und überlegen ließ und seine Kraft und seinen Mut ins Unermessliche steigerte.

Mit einem Schrei, der so wild klang wie der Schrei eines zornigen Tieres, sprang er vorwärts.

Der Löwe fuhr in die Höhe und ließ das Fleischstück fallen, das er zwischen den Zähnen hielt.

Er duckte sich blitzschnell. Einen Augenblick sah Herakles die schillernden gelben Augen auf sich gerichtet – dann schnellte das Untier im Bogen durch die Luft . . .

Herakles schwang die Keule mit beiden Fäusten hoch über seinen Kopf.

Und einen winzigen Augenblick, bevor der riesige gelbe Tierleib auf ihn niederkrachte, fuhr sie herab. Es gab einen dumpfen Schlag und ein hässliches Knirschen –

Der Löwe drehte sich, noch in der Luft, auf eine sonderbare Weise um sich selbst, dann stürzte er zur Erde, streckte noch einmal die Läufe und lag still.

Herakles wartete ein wenig und war auf der Hut. Denn wenn sein Schlag den Löwen nur betäubt hatte . . . Aber er schüttelte sogleich den Kopf. Nein, er hatte das Knirschen deutlich gehört, mit dem die Schädelknochen des Untieres zerbrachen. Der Schlag war gut gewesen und es war eines geschickten Jägers würdig, den Löwen im Sprung zu treffen, dachte er zufrieden. Doch er wusste genau, hätte er nur einen Herzschlag lang gezaudert oder um eine Handbreit fehlgeschlagen, so läge er jetzt mit aufgerissener Kehle unter den Pranken des Löwen.

Aber er hatte nicht gezögert und nicht fehlgeschlagen! Herakles richtete sich auf und stieß einen lauten Siegesruf aus.

Dann nahm er das Seil von der Schulter, mit dem er sonst zuweilen ein verlaufenes Kalb einfing, band die Hinterläufe des toten Räubers zusammen und schleifte ihn hinter sich her dem Waldrand zu. Bei den Göttern, das Ungetüm war schwer genug, selbst für seine Riesenkräfte!

Draußen auf der Wiese war es gerade noch so hell, dass er dem Löwen das Fell abziehen konnte. Es war ein schönes großes Fell und er gab gut acht, um es nicht zu verderben. Zuletzt schnitt er den Schädel vom Rumpf, höhlte ihn aus, so gut es ging, und stülpte ihn auf den Kopf wie einen Helm. Das Fell warf er sich über Rücken und Schultern und schlang die Läufe vorne zu einem Knoten: So umgab es ihn wie ein Gewand. Den wunderlichen Helm rückte er so zurecht, dass er durch die Augenhöhlen hinaussehen konnte.

Während er über die Weiden zu den Hütten hinabwanderte, lachte er ein paarmal vor sich hin. Ei, wie würden die anderen Hirten sich wundern, wenn sie ihn in seinem seltsamen Schmuck erblickten! Überall im Gras lagen die Rinder und schliefen und sahen aus wie unförmige dunkle Felsblöcke.

In einer der Hütten brannte ein Feuer und durch die offene Tür sah er die Hirten, die verschlafen um die Herdstelle hockten oder auf ihrer Streu schliefen.

Auf diese Hütte ging er zu. Er musste sich bücken, als er durch die Türöffnung trat. Die Männer drinnen wandten ihm die Gesichter zu, als sie seine Schritte hörten.

»He, Herakles, wir meinten schon, der Löwe hätte dich gefressen«, murmelte einer halb im Schlaf und versuchte, die Augen aufzureißen. »Was hast du denn so lange –« Das Wort blieb ihm im Halse stecken und nur noch ein erstickter Schrei kam aus seinem Mund. Im nächsten Augenblick brach in der Hütte ein solches Schreckensgeheul los, dass Herakles selbst erschrocken zusammenfuhr. Ein paar von den Männern sprangen auf und rannten taumelnd jenseits zur Tür hinaus, andere warfen sich zu Boden, vergruben den Kopf in den Armen, ächzten vor Entsetzen und flehten die Götter um Rettung vor dem Ungeheuer an, das da so plötzlich aus der Nacht aufgetaucht war.

Herakles stand verblüfft da. Was hatten sie denn nur? Konnte er etwa nicht mit Recht erwarten, dass sie begriffen, er habe den Löwen erschlagen, und ihn für seine Heldentat gebührend rühmten? Stattdessen lagen sie da und heulten oder liefen davon! Woher sollte er auch wissen, wie grausig er aussah, da im flackernden Feuerschein, statt des Kopfes einen Löwenschädel auf den Schultern, von dem das Blut herabtroff und in roten Rinnsalen über das Fell und an seinen Beinen hinablief? Nein, man konnte ihn wahrhaftig nicht ansehen, ohne dass einem der Angstschweiß ausbrach!

Herakles begann, sich allmählich zu ärgern. »Seid ihr närrisch geworden?«, knurrte er, packte den nächsten, der da am Boden lag, mit seiner gewaltigen Faust im Genick und schüttelte den armen Burschen, der vor Entsetzen nur noch ein heiseres Gurgeln hervorbrachte.

Jetzt aber hatten die anderen seine Stimme erkannt. Langsam hoben sich die verstörten Gesichter und starrten ihn an.

»Du bist es also!«, sagte einer und richtete sich mit einem erleichterten Atemzug auf. »Ich . . . wir hielten dich für . . . ich weiß nicht, wofür – du siehst aus, als hätte dich der Hades ausgespien!« Ein anderer schlich sich heran, die Augen ungläubig aufgerissen. Zögernd, mit äußerster Vorsicht griff seine Hand nach dem Löwenfell. »Du hast doch nicht . . . du hast doch nicht etwa den Löwen erschlagen?«, fragte er, stotternd vor Aufregung. Herakles lachte. »Nein, er hat mir freiwillig sein Fell gegeben, damit ich euch erschrecken kann, ihr tapferen Helden!«, spottete er. Aber sogleich wurde er wieder sehr ernst. »Ich werde den Göttern einen jungen Stier opfern«, sagte er, »denn es hätte leicht geschehen können, dass ich jetzt in Stücke gerissen oben im Wald läge.«

Dies war das erste Abenteuer des jungen Helden Herakles. Und als er später an diesem Abend auf seiner Streu lag, dachte er, dass es ein gutes Abenteuer war. Ich habe das Land von einem Ungeheuer befreit und die Menschen werden es mir danken! Und noch ein wenig später, als ihm eben die Augen zufallen wollten, fuhr er plötzlich in die Höhe. »Du wirst so lange in der Einöde bleiben, bis du begriffen hast, dass du deine große Kraft nicht zum Bösen, sondern zum Guten nützen sollst«, sagte er ganz laut in die Dunkelheit hinein und eine große Freude überkam ihn. Ja, so hatte der Urteilsspruch gelautet. Und er wusste, dass er nun fortgehen durfte.

Am Morgen verließ er Amphitryons Landgut und machte sich auf den Weg nach Theben.

Damit begannen für den jungen Herakles die seltsamen Abenteuer, von denen die Sänger noch nach Jahrhunderten erzählten.

Herakles befreit Theben

Der Mond war noch nicht voll geworden, seit er Amphitryons Landgut verlassen hatte. Da kam er eines Tages an eine der großen Straßen, die das Land durchzogen. In der Ferne bemerkte er schon die Mauern von Theben, allerlei Volk begegnete ihm und die Leute betrachteten ihn scheu und furchtsam oder auch mit Bewunderung; denn er trug noch immer das Löwenfell über den Schultern und den schrecklichen Schädel mit dem offenen Rachen statt eines Helmes.

Manche ergriffen bei seinem Anblick schleunigst die Flucht. Dann musste er stets lachen. Denn er wollte doch ganz gewiss niemanden etwas zuleide tun, wenn er auch wild und schrecklich genug aussah.

Als er eine Weile der Straße gefolgt war, kamen ihm drei Reiter entgegen.

»Sie kommen nicht aus Theben«, sagte er nachdenklich zu sich, »ihre Rüstungen sind anders als die unsrigen, auch tragen die Thebaner nicht solche Bärte. Ich möchte wohl wissen, was sie hier suchen!«

Er stellte sich in die Mitte der Straße, pflanzte seine Keule vor sich auf und wartete.

Die Reiter näherten sich zögernd und musterten Herakles mit Staunen und Misstrauen.

»Aus dem Weg, du Unhold!«, befahl der Anführer barsch und bemühte sich, sein Pferd zu beruhigen, das vor der großen Gestalt im Löwenfell erschrocken zurückgeprallt war. Herakles runzelte die Stirn. »Hüte deine Zunge!«, sagte er zornig. »Es könnte dich sonst reuen!«

Der Reiter hatte mit einem Blick gesehen, dass der gewaltige Mann da vor ihm keine anderen Waffen trug als diese ungefüge Keule. Nun, sein Schwert würde schneller sein! Seine Hand fuhr nach der Seite. Aber er vermochte das Schwert nicht zu ziehen. Eine riesige Faust packte ihn am Rock, hob ihn ganz einfach vom Pferd und stellte ihn unsanft auf den Boden. »Hör zu!«, sagte Herakles und blickte ernsthaft auf den Mann hinab, dem unter dem harten Griff die Knie zu schlottern begannen. »Ich will dir nichts tun, obgleich du mich einen Unhold genannt hast. Aber ich will wissen, was ihr hier vor der Stadt Theben sucht! Und du wirst es mir sagen.«

Der Fremde schielte hinüber zu seinen Gefährten, die nicht die geringste Lust zeigten, ihm in seiner Not beizustehen. So schien es ihm ratsam zu gehorchen.

»Uns sendet Erginos, der mächtige König der Minyer«, antwortete er so hochmütig, wie es ihm gelingen wollte. »Vielleicht weißt du, dass Kreon, der alte Fürst von Theben, unserem Herrn einen jährlichen Tribut zu zahlen hat. Wir sind gekommen, das Gold zu holen.«

Herakles nickte grimmig. Er wusste, dass der räuberische Minyerkönig schon seit Jahren den greisen König zwang, seinen Tribut zu entrichten. Und weil er ein viel stärkeres Heer besaß und gedroht hatte, Theben dem Erdboden gleichzumachen und das Land in eine Wüste zu verwandeln, blieb Kreon nichts anderes übrig, als zu bezahlen.

»Ja, du Abgesandter eines Räubers«, sagte Herakles und begann, bedächtig den Strick aufzurollen, den er noch immer nach Hirtenart über Brust und Schulter trug.

Die beiden Reiter, die aus sicherer Entfernung beobachteten, was mit ihrem Anführer geschah, meinten nicht anders, als dass der riesige Bursche da sie alle gefangen nehmen oder gar am nächsten Baum aufhängen wolle. Da warfen sie ihre Pferde herum und jagten davon – dahin, wo sie hergekommen waren. Herakles lachte. »Erginos scheint nicht eben seine tapfersten Männer nach Theben gesandt zu haben! Aber, bei meinem Vater Zeus!, du machst ein Gesicht, als ob –!« Kopfschüttelnd betrachtete er seinen Gefangenen, der vor Schrecken gewiss in die Knie gesunken wäre, hätte ihn die harte Faust nicht hochgezogen. »Was hast du denn? Ist dir die Medusa begegnet oder die neunköpfige Schlange?«

Der Gefangene starrte ihn an. Sein Gesicht war grau und Schweiß tropfte ihm von der Stirne. »Hast du gesagt – mein Vater Zeus?«, flüsterte er heiser. »Oh – so bist du Herakles – und ich bin verloren!«

»Ja, ich bin Herakles und du hast gewiss oft genug gehört, dass ich jedem mit meinen bloßen Händen den Schädel einzuschlagen pflege, wenn mir sein Gesicht nicht gefällt! Aber sei ruhig! Diese Zeit ist vorüber und es wird nie wieder geschehen, dass ich im Zorn einen wehrlosen Mann töte!«

Die Worte klangen so bitter und traurig, dass der Gefangene verwundert aufblickte und wieder ein wenig aufzuatmen wagte. Aber Herakles redete schon weiter. »Jetzt gib gut acht, was ich dir sage, und wehe dir, wenn du nicht gehorchst! Du reitest jetzt schnurstracks zurück zu deinem Räuberkönig und überbringst ihm diese Botschaft: Der Fürst von Theben wird nie wieder den ungerechten Tribut an Erginos bezahlen! Mehr brauchst du deinem Herrn nicht zu sagen!«

Während er so redete, band er dem Gefangenen in aller Ruhe die Hände auf dem Rücken zusammen, hob ihn auf das Pferd und verschnürte seine Füße so sorgfältig unter dem Bauch des Tieres, dass der Reiter bei einigem Geschick nicht herunterfallen konnte. Ein vergnüglicher Ritt würde es allerdings nicht sein! »So – gehab dich wohl! Dein Ross wird den Heimweg schon finden!«, sagte Herakles und versetzte dem erschrockenen Tier einen Schlag mit der flachen Hand, dass es mit einem wilden Satz davonschoss und samt seinem Reiter alsbald in einer Staubwolke verschwunden war. –

Herakles aber schlug eilig die Straße nach Theben ein. Der Wächter am Tor sah ihn kommen und legte schleunigst die schweren Riegel vor. Beim Kerberos, was war das für ein Ungeheuer mit Armen und Beinen wie ein Mensch und dem Schädel eines Löwen? Aber plötzlich stutzte er. Irgendetwas an der seltsamen Gestalt schien ihm bekannt! Die Größe, die Art zu gehen, die breiten Schultern . . . Er starrte durch das Guckloch und da sah er mit stockendem Atem, wie der Fremde den Löwenkopf abnahm und dann –

»Herakles!«, schrie er und im nächsten Augenblick flog das Tor auf.

Herakles lachte. »Mir ist gerade noch zur rechten Zeit eingefallen, dass mich mit dem Schädel des Löwen niemand erkennen kann!«, sagte er. »Aber halte mich nicht auf, ich muss sogleich zu König Kreon! Und noch etwas! Die Herolde sollen unsere jungen Krieger zusammenrufen! Ich habe den Gesandten des Minyerkönigs, der auf dem Weg nach Theben war, um den Tribut einzufordern, gefesselt zu seinem Herrn zurückgeschickt. Erginos wird die Beleidigung nicht ungerächt lassen! Und sein Heerlager ist ganz nahe an unserer Grenze!«

Er lief schon mit langen Schritten die Straße hinauf zum Königspalast.

Kreon erschrak, als er erfuhr, was geschehen war. Er war alt und liebte den Frieden und nun würde es Kampf geben! »Erginos wird verlangen, dass ich dich ausliefere«, sagte er bedrückt.

»Du wirst mich nicht ausliefern, König«, erwiderte Herakles fröhlich, »denn wir werden kämpfen, ich und unsere jungen Krieger! Und ich verspreche dir, dass Erginos danach nie wieder Lust verspüren wird, Tribut von dir zu fordern! Gehab dich wohl, Herr, ich muss fort; denn ich ahne, dass sehr bald etwas geschehen wird!«

Während er schnell die Gassen zu Amphitryons Palast ging, hörte er schon überall in der Stadt die lauten Rufe der Herolde. Alkmene schloss ihren Sohn voll Freude in die Arme. Sie musste sehr weit hinaufreichen. Dann schob sie ihn sachte von sich und warf einen Blick auf den Löwenschädel, den er samt der Keule neben die Tür auf den Boden gelegt hatte. »Etwas an dir ist anders geworden, Herakles«, sagt sie. »Einmal wirst du mir erzählen, was dir begegnet ist, seit du fortgegangen bist. Aber ich weiß, dass jetzt nicht Zeit dazu ist, denn ich habe die Herolde rufen gehört.« Er nickte. »Ja, Mutter, ich muss fort.« Er schwieg einen Augenblick, und während er nachdenklich in ihr schönes ernstes Gesicht blickte, fiel ihm plötzlich etwas ein. »Sie hat ein wenig so ausgesehen wie du – die zweite Frau, die mir riet, den Weg nach rechts zu gehen«, fügte er hinzu. Alkmene verstand nicht, was er meinte. Aber sie nahm sich vor, ihn eines Tages danach zu fragen.

Es ging auf den Abend zu, als Herakles auf den Marktplatz kam. Da war schon eine Menge Krieger versammelt, die ihn mit lautem Zuruf begrüßten. Manche von ihnen waren seine Spielgefährten gewesen, andere hatte er im Zweikampf, im Lauf und Sprung oder im Speerwerfen besiegt. Sie wussten schon, was er getan hatte, und sie waren stolz auf ihn. »Wir werden diesen ungerechten Tribut nicht länger zahlen«, sagte er. »Ich bin gewiss, dass Erginos morgen, wenn die Sonne aufgeht, mit seinem Heer vor unseren Mauern steht. Ihr wisst, er hat keinen weiten Weg nach Theben. Freilich«, fügte er sorgenvoll hinzu, »wir haben nicht genug Waffen und –«

Er schwieg und blickte sich verwundert um, weil sich aus einer der Gassen, die auf den Marktplatz mündeten, schneller Hufschlag näherte.

Im nächsten Augenblick hielt ein einzelner Reiter vor ihm, der verdutzt die vielen Krieger betrachtete.

Er musste sehr schnell geritten sein, seinem Pferd stand Schaum vor dem Maul und das Fell war fleckig von Schweiß. Herakles sah, dass er den Stab mit den weißen Bändern trug, mit dem Herolde zu reisen pflegten. Auch das Gewand und die Barttracht waren ihm wohl bekannt.

»Du bist ein Minyer«, sagte er barsch, ehe der Fremde noch zu reden vermochte. »Was bringst du?«

»Botschaft vom König Erginos an den Fürsten Kreon von Theben!«, antwortete der Herold, unwillkürlich der herrischen Stimme gehorchend. Auch mochte das riesige Löwenfell ihm einige Ehrfurcht einflößen.

Die Krieger reckten die Hälse, einige lachten.

Herakles aber blieb ernst. »Du kannst deine Botschaft mir sagen: Ich überbringe sie sogleich dem König!«

Der Bote zögerte. Dann zuckte er die Achseln. »Meinetwegen! So sage deinem König Kreon: Erginos befiehlt ihm, sogleich Herakles auszuliefern, der seinen Gesandten und damit ihn selbst beleidigt hat. Tut er es nicht, so wird in Theben kein Stein auf dem anderen bleiben!«

Einen Augenblick war es ganz still auf dem Platz. Dann brach ein solches Gelächter los, dass das Pferd des Minyers kerzengerade in die Höhe stieg.

Herakles hob den Arm, und als es wieder still geworden war, wandte er sich zurück zum Herold und fasste ganz freundlich mit der Hand nach seiner Schulter. »Sage deinem Herrn, er möge kommen und mich holen: Denn ich bin Herakles.«

Der Bote riss den Mund auf und unterdrückte mit Mühe einen Schrei – oh, ihr Götter, die Schulter musste zu Brei gequetscht sein!

Er wartete nicht, bis der gewaltige Mann ihn fortschickte: Er wendete sein Pferd und ritt schleunigst davon. Hinter ihm erscholl abermals lautes Lachen. –

Am nächsten Morgen aber lachte in Theben niemand mehr. Als es hell wurde, sahen die Thebaner mit Schrecken von allen Seiten die wohlbewaffneten Scharen der Minyer heranziehen: Kampfwagen, Reiter, Bogenschützen.

»Und unsere Krieger haben keine Waffen!«, jammerten die Bewohner der unglücklichen Stadt.

Es war wahr. Erginos hatte Theben schon einmal erobert und den Bürgern die Waffen fortnehmen lassen. Zwar war es einigen gelungen, sie zu verstecken, und man holte sie jetzt hervor. Aber es waren viel zu wenige. Nun aber war in dieser Nacht etwas geschehen, das die Leute nicht wussten.

Während sich nämlich Herakles sorgenvoll mit den jungen Kriegern beriet, wie sie denn zu Waffen kommen sollten, fühlte er plötzlich, dass jemand seinen Arm berührte. »Geht in die Tempel und nehmt die Waffen, die eure Vorfahren den Göttern geweiht haben!«, sagte eine Stimme, die er nicht kannte, dicht an seinem Ohr. »Für dich aber liegt im Heiligtum der Athene eine Rüstung bereit. Lege sie an, sie wird dir passen wie angegossen!«

Dann schwieg die Stimme und es war niemand da, dem sie gehören konnte. Herakles lief ein Schauder über den Rücken. Standen die Götter ihnen bei?

»Wir werden die Waffen aus den Tempeln nehmen!«, sagte er heiser. Die anderen starrten ihn an, als hätte er den Verstand verloren. Noch niemals hatte es jemand gewagt, einen solchen Frevel zu begehen – nicht einmal Erginos!

»Einer von den Unsterblichen hat es mir befohlen!«, fuhr Herakles so ernst fort, dass niemand an seinen Worten zweifelte. So gingen sie von einem Tempel zum anderen, nahmen, zögernd zuerst und dann allmählich mutiger geworden, die kostbaren Rüstungen, die an Säulen und Wänden hingen, und bewaffneten sich. Und als der Morgen graute, war kein einziger Krieger in Theben ohne Rüstung – außer Herakles. Er hatte seinen Gefährten gesagt: »Wenn Phöbos Apollon den Sonnenwagen über die Berge im Osten herauflenkt, versammelt ihr euch wieder auf dem Markt und wartet auf mich!«

Er ging allein fort und begab sich zum Tempel der Athene. Dort fand er alles genauso, wie es ihm von jener seltsamen Stimme versprochen worden war.

Zu Füßen des riesigen Standbildes der Göttin lag eine silberne Rüstung, Schwert, Schild und Helm und die beiden Lanzen, die jeder Krieger zu tragen pflegte – eine zum Wurf, die andere zum Stoß. Herakles warf sich vor den Stufen nieder. »Ich danke dir, Göttin!«, sagte er. »Und ich bitte dich, steh uns im Kampf gegen Erginos bei. Er hat uns viel Unrecht zugefügt.« Dann legte er die Rüstung an, die gewiss keinem anderen Sterblichen gepasst hätte, stülpte den Löwenkopf über den Helm und warf sich das Fell um. Darauf begab er sich auf den Markt, wo die Krieger warteten.

Selbst der alte König war gekommen und auch Amphitryon. Sie umarmten Herakles und Kreon sagte: »Mich drückt die Last der Jahre und ich tauge nur noch schlecht zum Kampf. So sollst du die Krieger anführen! Ich weiß, dass sie dir gehorchen werden!«

So fanden sich die Minyer, als sie bei Sonnenaufgang mit Gebrüll auf die Tore stürmten, plötzlich unter einem Hagel von Pfeilen und Wurfspeeren, die von den Mauern herabsausten. Wehgeschrei mischte sich in die Kampfrufe, Pferde überschlugen sich, Reiter stürzten in den Staub. Verwirrung bemächtigte sich der Angreifer, die geglaubt hatten, leichtes Spiel zu haben, weil es in der Stadt keine Waffen gab.

Erginos riss seinen Hengst herum. »Beim Hades, woher haben die Thebaner Waffen bekommen?«, brüllte er und starrte seine Unterführer wütend an. Aber sie waren genauso verblüfft wie er selbst. Ja – und jetzt ein lauter Hornruf – und dann flogen mit einem Schlag die sieben Tore der Stadt auf und aus jedem brach eine Schar herrlich gerüsteter Krieger hervor. Wie die Wölfe fielen sie über die überraschten Minyer her. Mitten im ärgsten Getümmel aber tauchte immer wieder ein gewaltiger Krieger auf, der ein Löwenfell trug und über dem Helm den Schädel eines riesigen Löwen. Wo er hinkam, verbreitete er Schrecken und Tod. So begann die Schlacht von Theben, in der Erginos erschlagen und sein Heer fast gänzlich vernichtet wurde.

Aber auch Amphitryon verlor das Leben und viele thebanische Krieger.

Die Stadt feierte Herakles als ihren Befreier und Kreon gab ihm seine Tochter Megara zur Frau. –

Doch es hielt ihn nicht lange in der Enge der steinernen Häuser. Und eines Tages zog er wieder fort.

Aber diesmal sollte er in einen Kampf verstrickt werden, der viel gewaltiger war als alle Schlachten zwischen den Königen der Erde: Es war der Kampf zwischen den Göttern und den Giganten.

Der Kampf der Götter und Giganten

Gäa, die Urmutter Erde, hasste Zeus, denn er hatte ihren Sohn Kronos von der Herrschaft vertrieben und dessen Brüder, die Titanen, besiegt und viele von ihnen in die tiefsten Abgründe des Tartaros hinabgestürzt, wo sie ewige Qualen erlitten. Da sann sie auf Rache und brachte Ungeheuer hervor, wie man sie gräulicher noch nie gesehen hatte. Überall brach die Erde auf und sie krochen hervor mit schrecklichen Gesichtern, riesigen zottigen Leibern und Gliedmaßen, die wie Drachenschwänze oder Schlangen waren. Bei ihrem Anblick erbleichten die Sterne, Phöbos Apollon riss vor Grauen den Sonnenwagen herum, dass mitten am Tage Finsternis über die Welt fiel.

Gäa aber betrachtete ihre Brut mit wilder Freude. Denn sie sollte ihrer Rache dienen.

Eines Tages rief sie alle zusammen. »Hört mich an, meine Söhne!«, sprach sie. »Es ist Zeit, mit Zeus und den anderen hochmütigen Göttern ein Ende zu machen! Rächt eure Brüder, die Titanen! Ihr seid stark genug, und wenn ihr siegt, werdet ihr den Olymp beherrschen! Reißt Zeus von seinem Thron, verjagt Poseidon aus den Meeren und schleudert Phöbos vom Sonnenwagen herab! Bringt das Orakel in eure Gewalt, das den Unsterblichen wie den Sterblichen die Zukunft verrät. Aber seid auf der Hut! Mir hat das Orakel geweissagt, wenn in unserem Kampf gegen die Götter ein Sohn einer sterblichen Mutter auf der Seite der Olympier kämpft, seid ihr verloren! Denn dieser Mann wird euch töten!« Dieser Mann aber war Herakles: Denn so hatte es Moira, die Schicksalsgöttin, bestimmt.

Alsbald begannen die Giganten ihren Kampf. Sie zogen in das Thessalische Gebirge, um von dort aus den Olymp zu erstürmen. Sie rissen Berge aus ihren Wurzeln und türmten sie übereinander, schlugen den Gipfel des Öta und des Athos in Stücke und schleppten die riesigen Felsen herbei, um so eine Leiter zu bauen, die bis zum Saal der Götter reichte. Die Unsterblichen erschraken, als sie sahen, was geschah.

Zeus befahl Iris, die olympische Botin, zu sich. »Rufe sogleich alle Götter zusammen! Die Giganten haben sich erhoben, um uns zu vernichten. Ich habe es längst vorausgesehen. Athene aber mag sich schleunigst auf die Erde begeben und Herakles suchen. Denn das Orakel hat mir geweissagt, nur der Sohn einer sterblichen Mutter kann uns retten und die erdgeborenen Giganten töten!« Es dauerte nicht lange, da waren alle Götter auf dem Olymp versammelt und noch niemals waren sie so einig gewesen. Selbst Persephone, die Göttin der Unterwelt, war aus dem Reich der Schatten heraufgekommen und Hades, ihr Gemahl, hatte seine schwarzen Rosse ins Licht des Götterberges gejagt, das ihre Augen sonst nie sahen. Sie wussten alle, nun ging es um Sein oder Nichtsein! –

Athene fand Herakles schnell. Sein Schicksal wollte es, dass er auf einer seiner langen Wanderungen gerade zu dieser Zeit nach Thessalien gekommen war.

Es war Mittag und er hatte sich im Schatten einer Eiche zum Schlafen hingelegt, um später, wenn es kühler wurde, weiterzuwandern.

Athene ließ sich neben ihm nieder und legte die Hand auf seinen Arm. »Wach auf, Herakles!«, sagte sie.

Er richtete sich sogleich auf: Sein Schlaf war so leicht wie der Schlaf eines Tieres. Er wusste im selben Augenblick, dass er diese Stimme schon einmal gehört hatte – damals in Theben, als sie ihm befahl, die Waffen aus den Tempeln zu holen. Er machte sich nicht die Mühe, sich umzublicken, denn er wusste, es würde niemand zu sehen sein. »Was befiehlst du, Göttin?«, fragte er und wartete. »Du kennst die Giganten, die Söhne der Gäa, die uns hasst«, vernahm er die Stimme sogleich wieder. »Sie haben den Unsterblichen den Kampf angesagt und sie sind sehr stark. Wir können sie nur besiegen, wenn ein Mann, den eine sterbliche Mutter geboren hat, für uns kämpft. So lautete der Spruch des Orakels. Du bist dieser Mann, Herakles. Es ist der Wille deines Vaters, dass du für uns kämpfst!«

Herakles sprang auf. »Wohin muss ich gehen?« Er hatte schon den Bogen und den Köcher mit den nie fehlenden Pfeilen aufgerafft, die ihm einst Apollon geschenkt hatte. Noch einmal sprach die Stimme, während er sich den Löwenschädel über den Helm zog. »Sie haben auf dem Berge Ossa einen Turm errichtet, der bis zum Gipfel des Olymps reicht. Beeil dich!« Die Stimme verstummte.

Gleich darauf wanderte Herakles schon mit langen Schritten durch den Wald zum Gebirge.

Freilich gefiel ihm dieser Auftrag keineswegs, aber er wusste, dass er gehorchen musste. Er kannte die Giganten und er war ihnen immer aus dem Wege gegangen. Nicht aus Furcht, sondern weil ihm vor diesen Ungeheuern graute.

Je näher er den Bergen kam, desto wüster wurde die Gegend: Felsen, die aus dem Boden gerissen waren, entwurzelte Bäume, ein Bach, der in eine Schlucht hinabstürzte, die früher nicht da gewesen war. Als Herakles aus dem Wald ins Freie kam, blieb er verblüfft stehen. Nein, das konnte doch nicht Wirklichkeit sein! Nicht weit entfernt erhob sich über den Bergen ein riesiger grauer Turm aus Felsblöcken, der so hoch war, dass sich seine Spitze oben in den Wolken verlor.

Während er noch hinaufstarrte, scholl plötzlich lautes Kampfgetöse aus der Höhe herab, Blitze zuckten durch den Nebel, der den Götterberg umgab, Flammen loderten daraus hervor, Waffen klirrten und ein Gebrüll erfüllte die Luft, dass Herakles das Blut in den Adern erstarren wollte. Aber er begann zu rennen. Der Kampf hat schon begonnen!, dachte er voll Sorge. Ich werde zu spät kommen! Er raste auf die graue Felsenleiter zu und begann hinaufzuklettern. Oh, sie hatten sie sehr geschickt gebaut und er hatte lange Beine und starke Arme! So klomm er von Stufe zu Stufe, bald hüllte ihn Nebel ein und das Getöse über ihm war entsetzlich geworden. Ein riesiger Körper stürzte an ihm vorbei und verschwand grässlich brüllend in der Tiefe.

Plötzlich merkte Herakles, dass er auf einer großen ebenen Felsplatte stand. Der Nebel war dünner geworden und er konnte deutlich die Gestalten der Kämpfenden unterscheiden, die unförmigen Leiber der Giganten – ja, und die anderen, die Götter! Herakles starrte in das Gewimmel. Aber von diesem Augenblick an wusste er nicht mehr, ob er wachte oder träumte – so seltsame Dinge geschahen.

Einer der Kämpfer sprang an ihm vorüber, aus seinem Schild loderten Flammen. Ares, der Kriegsgott!, dachte Herakles, während er hastig den Bogen von der Schulter riss und einen Pfeil auf die Sehne legte: Denn jetzt hatte ihn einer der Giganten erspäht und stürmte mit wütendem Gebrüll auf ihn zu: »Du wagst es, armseliger Sterblicher –«, schrie er. Aber da traf ihn der Pfeil mitten in die Brust. Er überschlug sich im Sprung und krachte zu Boden wie ein gefällter Baum. Herakles sah mit Grausen, wie sich die langen Arme, die lebendigen Schlangen glichen, noch einmal nach ihm ausstreckten und dann schlaff herabsanken.

In diesem Augenblick fühlte er, dass jemand hinter ihn getreten war. Ein greller Blitz zuckte über seine Schulter und wieder stürzte einer der Giganten zu Boden. Aber Herakles sah, dass er nicht tot war: Sein Schädel wackelte, als er sich wieder aufzurichten versuchte. »Töte ihn mit dem Pfeil, mein Sohn!«, vernahm er eine Stimme an seinem Ohr. Er zuckte zusammen: Er wusste, wer da mit ihm gesprochen hatte! Eilig gehorchte er und das Ungeheuer, dessen Beine sich wie Drachenschwänze ringelten, wälzte sich auf den Rücken und lag still. »Wir Unsterblichen können sie nicht töten!«, sagte die Stimme hinter ihm wieder. »Darum habe ich dich gerufen! Gib acht! Das ist Alkyoneus, der Wildeste von Gäas Brut!«

Nur einen Herzschlag lang erblickte Herakles das entsetzliche Gesicht mit Augen wie Feuerräder – dann schnellte sein Pfeil von der Sehne. Er atmete auf, als er sah, wie der Unhold hintenüberfiel und die Felsenleiter hinabzukollern begann. »Er wird zerschmettert unten auf der Erde liegen – selbst wenn ihn mein Pfeil nicht getötet hätte!«, sagte Herakles.

»Nein«, antwortete die Stimme sehr ernst, »Alkyoneus ist zwar jetzt tot. Aber in dem Augenblick, in dem sein Körper die Erde des Landes berührt, in dem er geboren wurde, kehrt das Leben in ihn zurück. Du kannst ihn nur vernichten, wenn es dir gelingt, ihn aus Thessalien fortzubringen. Denn Thessalien ist seine Heimat.«

Dann schwieg die Stimme und gleich darauf sah Herakles Zeus Kronions Blitzstrahl schon weit entfernt durch den Nebel zucken. Mein Vater!, dachte er. Ich muss zu ihm! Aber jemand versperrte ihm den Weg: eine hohe Gestalt mit silbernem Helm, auf deren Schild sich die Schlangen um das schreckliche Haupt der Medusa ringelten. Er erkannte Pallas Athene, noch ehe sie zu sprechen begann. »Steige sogleich hinab auf die Erde und vernichte Alkyoneus, ehe er wieder zum Leben erwacht und unten furchtbares Unheil anrichtet!«

Dann war sie fort und Herakles sprang die Felsenleiter hinab, denn er fühlte, dass dieser Befehl keinen Aufschub duldete.

Er fand den Giganten, von Zeus Kronions Blitz noch halb betäubt. Der Pfeil steckte in seinem Hals und die Wunde musste tödlich sein. Aber plötzlich sprang Alkyoneus taumelnd in die Höhe. »Ich stecke die Erde und den Olymp in Brand!«, heulte er und riss sich den Pfeil aus dem Hals. Aber noch waren seine Kräfte nicht vollends zurückgekehrt und die Beine wollten ihn nicht tragen. Er sank wieder in die Knie und Herakles ergriff blitzschnell die riesigen missgestalteten Füße und begann, ihn hinter sich herzuschleifen über Stock und Stein, obgleich er bald vor Anstrengung keuchte.

»Vater Zeus, steh mir bei!«, ächzte er. »Ich muss den Fluss erreichen – dort endet Thessalien!«

Und obgleich Alkyoneus sich wütend wehrte, sich an Wurzeln und Steinen festzuklammern suchte und seine Klauen in die Erde grub, dass sie tiefe Furchen aufrissen, kam Herakles endlich an den seichten Wasserlauf, der die Grenze bildete. Mit seiner letzten Kraft schleppte er den Unhold, der jetzt im Wasser keinen Halt mehr fand, ans jenseitige Ufer.

Er merkte nur noch, dass der riesige Leib plötzlich schlaff wurde und keinen Widerstand mehr leistete. Dann sank er selber zu Boden und wusste nichts mehr.

Als er wieder zu Sinnen kam, sah er, dass Alkyoneus tot war. Er ließ ihn liegen, wo er lag, und machte sich todmüde, aber unendlich erleichtert auf den Rückweg. Seine gewohnte Stärke kehrte schnell wieder und bald gelangte er an den Fuß der Felsenleiter und begann flink hinaufzusteigen.

Inzwischen aber war viel Zeit vergangen und oben auf dem Berg der Götter hatte sich allerlei ereignet.

Pallas Athene hatte den schrecklichen Enkelados in die Flucht geschlagen. Er sprang in seiner Angst von Berg zu Berg bis ans Meer. Athene hetzte ihn durch die Fluten, die unter seinen Sprüngen aufspritzten. Westwärts ging die wilde Jagd, und als sie an der Insel Sizilien vorüberkamen, riss Athene diese vom Felsengrund los und begrub den Giganten darunter.

Poseidon, der Beherrscher der Meere, bereitete dem Polybotes ein ähnliches Schicksal. Der Riese floh von Insel zu Insel und erreichte endlich die Insel Kos. Aber jetzt hatte ihn Poseidon eingeholt, brach ein Stück der felsigen Küste ab und warf es über den Fliehenden. Er sah das Tageslicht nie wieder. Die Parzen, die harten Schicksalsgöttinnen, hatten mit ihren ehernen Keulen einige der Ungeheuer niedergeschlagen, und Herakles erschien gerade zur rechten Zeit wieder auf dem Kampfplatz, um ihrem Leben ein Ende zu machen. Er kämpfte eine Weile neben Apollon, später war Hermes, der schnelle Götterbote, an seiner Seite; Ares jagte unter zornigem Kriegsgeschrei seinen Kampfwagen mit den roten Rossen vorüber. Er versuchte vergeblich, den zottigen Peloros unter den Rädern zu zermalmen. Peloros aber hatte drei Leben, und erst als Herakles ihn mit dem Pfeil traf, entwichen sie aus seinem Leib.

Klytios mit dem Drachenschädel und dem Schuppenschwanz stürzte unter einem Hagel glühender Eisenstücke, die Hephaistos nach ihm schleuderte, zu Boden und Herakles tötete auch ihn. So endete der Kampf der Götter gegen die Giganten und Herakles stand von da an in höchster Gunst bei den Unsterblichen. Nur Hera hasste ihn wie eh und je und trachtete unaufhörlich danach, ihm Übles zuzufügen.

Und eines Tages schien ihr die Zeit dafür gekommen, etwas, das sich in längst vergangener Zeit zugetragen hatte, wieder ans Tageslicht zu bringen. Sie dachte sorgfältig darüber nach, dann nickte sie mit einem bösen Lächeln. »Ja, das ist gut!«, murmelte sie. »Es wird Zeus und seinem Sohn viel Verdruss bereiten!«

Herakles muss dienen

Es war eine seltsame alte Geschichte, aber Hera hatte sie niemals vergessen: Denn einmal sollte sie ihrer Rache dienen. Sehr lange bevor Herakles geboren wurde, lebte nämlich im Königreich Argos ein kleiner Knabe, der den Namen Perseus trug. Seine Mutter war Danae, die Tochter des Königs Akrisios. Dem König hatte ein Orakel verkündet, dass sein Enkel ihm einmal Thron und Leben rauben werde. Da beschloss er, den Knaben aus dem Weg zu räumen. Weil er ihn aber doch nicht töten mochte, ließ er ihn samt seiner Mutter in einem großen hölzernen Kasten ins Meer werfen. Zeus aber, der den Knaben zu großen Taten bestimmt hatte, fügte es, dass der Kasten an den Strand einer Insel geschwemmt wurde, deren Bewohner sich der Frau und des Knaben freundlich annahmen.

Zeus beobachtete es mit Befriedigung. »Perseus durfte nicht umkommen!«, sprach er zu den anderen Göttern. »Denn eines Tages wird er ein berühmter Held sein. Aber nicht nur er selbst, sondern auch noch viele seiner Enkel werden zu den Größten unter den Sterblichen gehören. Und der Erstgeborene von ihnen soll über alle anderen Perseusenkel herrschen! Das ist mein Wille!« Und er beschwor es mit dem Eid der Götter.

Danach schien es lange Zeit, es sollten sich alle seine Wünsche erfüllen. Perseus wuchs heran und wurde ein berühmter Held, von dessen Taten und Abenteuern die Sänger erzählten. Er hatte viele tapfere Söhne und schöne Töchter, und als sein Erdenleben zu Ende ging, stieg er ohne Klage in das

Reich der Schatten hinab, wie es sich für einen Helden geziemte. –

Seitdem waren zwei Menschenalter vergangen; der Eid, den Zeus geschworen hatte, geriet allmählich in Vergessenheit. Doch dann geschah etwas. Zeus begegnete Alkmene, der schönsten Perseustochter, und er vermochte ihrer Schönheit nicht zu widerstehen, wie es ihm ja schon zuweilen vorher geschehen war. Hera erfuhr es sehr schnell und begann sogleich, auf Rache zu sinnen. Aber was vermochte sie gegen den mächtigen Beherrscher der Götter und Menschen?

Während sie voll ohnmächtigem Grimm durch die schimmernden Hallen des Götterpalastes lief, schlich Fama, das tausendzüngige Gerücht, hinter ihr her.

»Du dauerst mich, erhabene Göttin«, flüsterte sie und ihre Augen schillerten vor Bosheit. »Die schöne Königin Alkmene wird ein Kind zur Welt bringen. Und Zeus hat zu den anderen Unsterblichen gesagt: ›Dieses Kind wird der Erstgeborene unter den Perseusenkeln sein und er wird über seine ganze Sippe und viele Länder herrschen, wie es meinem Sohn gebührt.‹« Hera schrie vor Zorn auf, als sie das hörte, und Fama verschwand wie der Blitz. Denn sie war feige, wie Gerüchte eben sind. Aber sie kam bald wieder. Und diesmal brachte sie eine Botschaft, die Hera sehr gefiel. »Auch eine andere Perseustochter, die Königin von Mykene, erwartet ein Kind – zur selben Zeit wie Alkmene«, verkündete sie.

Hera horchte auf und starrte die boshafte Schwätzerin, die so viel Zwietracht zwischen Göttern und Menschen stiftete, verblüfft an. »Bist du wirklich imstande, auch einmal eine willkommene Nachricht zu bringen?«, fragte sie fast freundlich; denn in diesem Augenblick war ihr ein sonderbarer, aber recht verlockender Gedanke gekommen. Ja, das würde ihre Rache sein! Sogleich begann sie, sorgfältig zu überlegen; denn sie durfte keinen Fehler machen. Alkmene wird also einen Sohn bekommen, dachte sie. Nun – dagegen kann ich nichts tun. Und gewiss wird Zeus diesen Sohn mit allen guten Gaben ausstatten. Auch das kann ich nicht verhindern. Mir bleibt nur eines. Ich werde dafür sorgen, dass der Knabe nicht der Erstgeborene unter den Perseusenkeln ist! Es wird Zeus in seinem Stolz schwer treffen, wenn sein Sohn irgendeinem anderen Sterblichen untertan sein muss. Bin ich nicht die Göttin der Mütter und Kinder? Es wird mir nicht schwer fallen, die Geburt dieser beiden Perseusenkel ein wenig nach meinem Willen zu lenken.

Und da sie ja wirklich große Macht besaß, geschah alles genau nach ihrem Plan. Die Königin von Mykene brachte ihren Sohn um einen Tag früher zur Welt als Alkmene – und so war nicht Herakles, sondern Eurystheus der erstgeborene Enkel des alten Helden Perseus.

Sehr zufrieden mit dem Erfolg ihrer List, begab sich Hera zu Zeus. »Mein erhabener Gemahl«, begann sie und der spottende Ton ließ ihn sogleich beunruhigt aufhorchen. »Es ist etwas geschehen, das dir Kummer machen wird! Entsinnst du dich, dass du einmal geschworen hast, der erstgeborene Perseusenkel solle über alle seine Verwandten herrschen? Das ist lange her. Aber es ist erst ein paar Monde her, seit du den anderen Unsterblichen gesagt hast, dieser Erstgeborene werde Alkmenes Sohn sein. Du hast dich leider geirrt, mein Gemahl! Denn die Königin von Mykene hat ihren Sohn um einen

Tag früher zur Welt gebracht als die schöne Alkmene! Und so ist Eurystheus der älteste Perseusenkel und nicht Herakles. Ich hoffe, du bist nicht allzu traurig darüber!«, schloss sie mit einem Lächeln, das Zeus die Zornesröte auf die Stirn trieb.

Düster und schweigend starrte er vor sich hin. Er wusste, sie sprach die Wahrheit. Aber er ahnte allerdings nicht, dass sie selbst die Hand im Spiel hatte; und Hera hoffte inbrünstig, er möge es nie erfahren: Denn was dann mit ihr geschehen würde – nein, daran wagte sie nicht einmal zu denken!

Es war Zeus bei ihren Worten sogleich zu seinem Schrecken eingefallen, dass er wirklich diesen Eid geschworen hatte und dass er, der oberste der Götter, niemals einen Schwur brechen durfte. Aber was sollte er tun? Er liebte diesen eben geborenen Sohn – sollte der Knabe seinem Verwandten untertan sein, nur weil er einen Tag später geboren war?

Das durfte nicht sein! Drei Tage und drei Nächte suchte Zeus Kronion nach einem Ausweg. Aber es gab keinen. Seinen Eid musste er halten – ob er wollte oder nicht!

So dachte er endlich – kaum anders als die Menschen oft genug denken: Die Zeit vermag viel! Noch ist mein Sohn ein Kind. Bis er erwachsen ist, wird sich gewiss Rat finden! Und er schlug sich einstweilen diese Sache, die ihn sehr bekümmerte, aus dem Sinn. Er erfuhr niemals, dass seine zornige Gemahlin versucht hatte, Herakles zu rauben. Denn sie hütete sich wohl, darüber zu reden.

Pallas Athene aber war klug und verstand zu schweigen. Und Fama, die boshafte Schwätzerin, die alles erfuhr, wagte nicht, vor dem Angesicht des strengen olympischen Herrschers zu erscheinen. –

Die Jahre gingen schnell herum und die beiden Knaben Eurystheus und Herakles wuchsen heran. Eurystheus wurde König von Mykene und herrschte über das Land und über die anderen Nachkommen des Helden Perseus.

Herakles aber begann sich zu dieser Zeit durch seine Taten schon großen Ruhm zu erwerben, und kümmerte sich nicht um seinen Vetter in Mykene.

Das ärgerte Eurystheus, der nicht eben zum Helden geboren, aber ein eitler, überheblicher Bursche war. Und eines Tages sandte er einen Boten zu Herakles.

»Mein König wünscht dich zu sehen! Du mögest sogleich zu Hofe kommen!«, sagte der Bote.

»Ich komme nicht!«, antwortete Herakles und hieß ihn gehen. Der Bote kam ein zweites Mal. »König Eurystheus bedarf deiner Dienste! Du bist jünger als er und hast ihm untertan zu sein!« Diesmal sagte Herakles nichts. Aber der Bote fand sich von einer gewaltigen Faust gepackt und gleich darauf draußen vor dem Tor auf dem Boden sitzend.

Zeus sah dies alles bekümmert mit an. Er wusste, dass er es nicht dulden durfte, weil es seinem Eid widersprach. So sandte er schweren Herzens Hermes, den olympischen Boten, zu Herakles und befahl ihm, Eurystheus zu gehorchen. Aber es ärgerte den stolzen Göttervater doch sehr. Und so berief er wenige Tage später die anderen Unsterblichen zu einer Versammlung; nur Hera lud er wohlweislich nicht ein. Er erzählte ihnen von seinem Kummer und bat sie um Rat. »Es ist eine Schmach für einen Göttersohn, diesem Schwächling Eurystheus zu dienen!«, sagte er. »Helft mir, einen Ausweg zu finden, ohne dass ich meinen Schwur breche!«

Sie meinten, ja, er habe recht und Herakles verdiene ein besseres Los. Und als sie eine Weile beraten hatten, fanden sie wirklich einen Ausweg. –

Zu dieser Zeit aber war Herakles schon auf dem Weg nach Mykene. Er hatte Zeus Kronions Befehl mit Betrübnis vernommen. Aber er wusste, dass er gehorchen musste. Außerdem war er doch ein wenig neugierig, diesen Vetter zu sehen, von dem man nicht viel Gutes redete.

So nahm er Bogen und Köcher und seine Keule, nahm Abschied von Alkmene und seiner jungen Gemahlin und wanderte fort aus Theben.

Es war wie immer, wenn er sich unterwegs befand. Die Leute erschraken vor dem riesigen Mann mit dem Löwenfell und dem Schädel mit dem aufgerissenen Rachen, der auf seinen Schultern saß. Manche erkannten ihn auch und er hörte sie ehrfurchtsvoll sagen: »Seht, das ist Herakles! Er ist stärker als alle anderen Männer in Achaia!«

Das schienen auch die Räuber zu wissen, die im Gebirge und in den Wäldern hausten, denn niemand griff ihn an. Selbst die Wölfe wagten sich nicht heran und er sah nur zuweilen zwischen den Bäumen das fahle Leuchten ihrer Augen und hörte ihr hungriges Gähnen. Ein paarmal sah er in der Ferne eine Stadt liegen – es mochte Korinth sein oder Eleusis.

Später gelangte er an eine Straße und erfuhr, dass sie nach Mykene führte.

Es gefiel ihm immer noch nicht, dass er Eurystheus dienen sollte, und je mehr er sich Mykene näherte, desto weniger gefiel es ihm. Insgeheim hoffte er, die Götter würden ihm vielleicht doch noch eine Botschaft senden, die ihm erlaubte umzukehren. Und als er an einen Kreuzweg kam und erfuhr, die Straße gen Westen führe nach Delphi – da wandte er sich kurzerhand westwärts.

»Es ist zwar ein weiter Weg«, sagte er zu sich, »aber ich will das Orakel befragen! Vielleicht haben die Götter derweilen beschlossen, mir den Dienst bei meinem Verwandten zu erlassen!« Wieder wanderte Herakles geduldig und guten Mutes einen ganzen Tag hindurch. Es war eine der großen Straßen, die das Land durchzogen. Denn Delphi war eine reiche Stadt und berühmt durch das Orakel Apollons, bei dem sich viele Rat holten. Als es Abend wurde, kam er an den Fuß des Berges Parnassos und die Stadt lag vor ihm.

Vorsorglich nahm er den Löwenkopf ab, ehe er ans Tor kam. Die Wächter werden mich sonst nicht einlassen, dachte er, und die Tempelpriester werden mich von den Stufen weisen und mir nicht erlauben, die Pythia zu befragen.

Herakles war ein wenig besorgt, denn er hatte oft genug erfahren, dass seine gewaltige Größe, das Löwenfell und die Keule die Leute erschreckten.

Aber zu seiner Verwunderung kümmerte sich niemand sonderlich um ihn: Es kamen viele Menschen aus den fernsten Gegenden in die berühmte Stadt und man war fremdartige Gewänder und fremde Gesichter gewohnt.

Herakles betrachtete mit Staunen die prächtigen Tempel und Paläste und das riesige Rund des Theaters, das weit in den Hang des Berges hinaufgebaut war. In den Gassen und auf den Plätzen drängte sich viel Volk; er ließ sich eine Weile von dem Strom treiben, überquerte die Agora, den Marktplatz, und blieb jenseits an der Mauer stehen. Gerade vor ihm lag jetzt eine breite, mit schön behauenen Steinen gepflasterte Straße, die in einem großen Bogen auf die Tore eines Tempels zuführte.

Die Heilige Straße zum Tempel Apollons!, dachte er und ging ein wenig zögernd weiter, vorüber an den Schatzhäusern zu beiden Seiten und an den marmornen Standbildern der Götter und Helden.

Als er an die Stufen kam, sah er oben zwischen den Säulen einen Priester stehen. Ja, dem musste er nun wohl sein Anliegen vortragen! Doch das erwies sich als unnötig. Der Greis mit dem weißen Haar und der Priesterbinde um die Stirn schien ihn merkwürdigerweise erwartet zu haben! »Sei gegrüßt, Herakles!«, redete er ihn an. »Die Pythia hat mir gesagt, dass du heute kommen würdest! Willst du mir folgen, dann führe ich dich sogleich zu ihr!«

Auf seinen Wink öffneten die Wächter eines der hohen, mit allerlei Schnitzwerk und Inschriften geschmückten Tore. Sie durchschritten den Vorraum und kamen an eine eherne Tür. Sie führte in einen Innenhof, der ringsum von Säulen umgeben war. In der Mitte befand sich ein steinerner Dreifuß und darauf saß eine Frau.

Als sie die Schritte der beiden Männer auf dem Marmorboden hörte, wandte sie ihnen das Gesicht zu.

Es war ein so uraltes Gesicht, wie Herakles noch nie eines gesehen hatte. Ihm schien, die Frau müsste schon vor Jahrhunderten gelebt haben und alles menschliche Leid kennen – eine so abgrundtiefe Trauer lag in ihren dunklen Augen.

Jedermann in Griechenland wusste, wer Pythia war. Sie lebte im Tempel Apollons – man hatte längst vergessen, wie lange schon – und der Gott hatte ihr die Gabe verliehen, in die Zukunft zu schauen.

Herakles stand da, den Löwenkopf unter dem Arm und die Keule in der Hand, und kam sich vor wie ein törichter Knabe vor dieser seltsamen Frau.

»Sei willkommen, Herakles!«, sagte sie jetzt und er wunderte sich nicht einmal darüber, dass auch sie ihn kannte. Außerdem war ihm auf einmal sehr sonderbar zumute. Etwas wie Schwindel erfasste ihn und alles verschwamm ein wenig: das Gesicht der Pythia, die Gestalt des Priesters, der gerade durch die Tür hinausging, selbst die Säulen ringsum. Und plötzlich sah er etwas. Aus dem Boden zwischen den Steinen hervor kräuselte sich ein dünner bläulicher Rauch und ein seltsamer betäubender Geruch stieg in die Luft. Die Frau saß jetzt regungslos, mit geschlossenen Augen da und der blaue Nebel umzog ihr Gesicht, das geheimnisvoll und gespenstisch aussah. Ein wenig vorgeneigt, schien sie zu lauschen; aber Herakles vernahm keinen Laut.

Als sie dann zu reden anfing, klang ihre Stimme so, als spräche sie im Schlaf.

»Die Götter sind dir gnädig, Herakles! Aber Zeus kann seinen Eid nicht brechen! Du musst also zu deinem Vetter Eurystheus gehen. Er wird dir zwölf Aufgaben zuteilen. Hast du sie ausgeführt, so ist seine Macht über dich zu Ende. So haben es die Unsterblichen beschlossen.«

Sie schwieg und saß zusammengesunken da, als wäre sie

todmüde. Herakles wartete eine Weile. Aber sie schien ihn vergessen zu haben. So wandte er sich zum Gehen.

Er taumelte ein wenig, als er in den Vorraum hinaustrat: Das musste wohl von dem blauen Rauch kommen. Der Priester verneigte sich abermals tief und dann ging Herakles die Heilige Straße hinunter, durch die Gassen und zum Stadttor hinaus wie im Traum. Er ging den Weg zurück, den er gekommen war, am Fuß des Parnassos entlang, wo die Quelle Kastalia entsprang. Da löschte er seinen Durst, rastete ein wenig am Brunnenhaus und aß von dem Proviant, den er in einem ledernen Beutel bei sich trug.

Allmählich begann sein Kopf wieder klar zu werden. Nein, ganz zufrieden war er nicht mit dem, was die Götter beschlossen hatten! Aber da es ihm gar nicht in den Sinn kam, sich gegen ihren Willen aufzulehnen, dachte er: Nun, es ist immerhin besser, als wenn ich mein Leben lang meinem Vetter dienen müsste! Und gegen Abenteuer, die eines Helden würdig sind, habe ich nicht das Geringste einzuwenden!

So machte er sich wohlgemut wieder auf den Weg nach Mykene. Aber es war gut für ihn, dass er nicht in die Zukunft schauen konnte.

Denn nicht alle Abenteuer, die ihm bevorstanden, waren eines Helden würdig.

Der Kampf mit dem Nemeischen Löwen

Im Königspalast zu Mykene herrschte schon seit Stunden geschäftiges Treiben. Knechte und Mägde waren längst an der Arbeit. Hohe Beamte und andere Würdenträger kamen und begaben sich zum Thronsaal, um stirnrunzelnd gewahr zu werden, dass der große Saal und der Thron des Königs leer waren. Das war freilich nichts Neues für sie. Denn König Eurystheus pflegte häufig die Nacht zum Tage zu machen und danach erst aus seinen Gemächern hervorzukommen, wenn die Sonne schon im Mittag stand.

Das war auch an diesem Morgen nicht anders und sein Leibwächter und oberster Diener hatte schon ein paarmal sein besorgtes feistes Gesicht zur Tür hereingestreckt. Jetzt wagte er es trotz seiner Angst noch einmal. »Herr, der Thronsaal ist voll von Wartenden! Darf ich dich daran erinnern, dass du die Baumeister des Zeustempels bestellt hast, die Sprecher der Kaufleute, die dir schlechte oder zu teure Waren geliefert haben, und die Rechtslehrer, die mit deinen neuen Abgabengesetzen nicht einverstanden sind? Auch die Gesandten aus Argos warten seit dem frühen Morgen und fragen ungeduldig, wann du sie empfangen wirst. Denn sie wollen noch heute heimreisen –«

Er verstummte erschrocken. Der König, dem die Diener eben den Purpurmantel um die Schultern legen wollten, fuhr wütend herum. Die heftige Bewegung richtete allerdings in seinem Kopf schmerzliche Verwirrung an und seine Laune wurde davon nicht besser.

»Habe ich dir nicht gesagt, du sollst mir nicht mehr unter

die Augen kommen?«, brüllte er und hielt sich an der Schulter irgendeines Dieners fest, der gerade neben ihm stand: Denn es war ihm wirklich sterbensübel und er konnte sich trotz aller Anstrengung nicht erinnern, was in der Nacht zuvor geschehen war. Er musste doch wohl sehr viel von diesem schweren, fast schwarzen Wein getrunken haben, den die Händler von einer der Inseln im Süden gebracht hatten.

Allmählich dämmerte es endlich in seinem umnebelten Gehirn, dass er wohl oder übel seinen königlichen Pflichten nachkommen musste.

Er stieß den Diener von sich, der ihn gestützt hatte, und richtete sich auf, so gut es ihm gelingen wollte. Grimmig starrte er den Oberkämmerer an, der noch immer an der Tür stand. »Hast du keine Ohren, du Fettwanst?«, schrie er. »Scher dich fort oder ich werfe dich mit meinen eigenen Händen hinaus!« »Herr, da ist noch etwas anderes!«, sagte der Dicke ängstlich. »Draußen vor dem Palast steht ein Mann, ein sehr großer Mann, und er hat mir recht unfreundlich befohlen, dir zu melden, dass er mit dir sprechen müsse. Als ich ihm zu verstehen gab, dass das jetzt unmöglich sei, meinte er, wenn ich es nicht tun wolle, dann würde er sich selber anmelden. Und dabei packte er mich ganz einfach am Rock, drehte mich um und schob mich vor sich her und zur Tür herein. Er hat eine entsetzliche Kraft, Herr«, schloss er schaudernd.

»Und du bist ein entsetzlicher Feigling«, fuhr ihn der König an. »Der Bursche wird warten, bis ich Zeit für ihn habe! Und du sorgst dafür, dass er den Palast nicht betritt! Er soll merken, dass der König von Mykene nicht für jeden da ist, der gerade gelaufen kommt!« Dem Kämmerer schien es freilich ganz und gar ungewiss, ob er den großen Fremdling draußen am Betreten des Palastes hindern könnte, aber er wagte nichts mehr zu sagen und ging vor seinem Herrn her zum Thronsaal, um ihm die Türen zu öffnen, wie es seine Pflicht war. –

Es kostete Eurystheus nicht wenig Mühe, seine Gedanken in Ordnung zu halten, während er seine Besucher anhörte, mit ihnen redete, Befehle gab, zustimmte oder widersprach und endlich mit großer Erleichterung den letzten gehen sah. Ächzend erhob er sich aus seinem Thronsessel. In diesem Augenblick öffnete sich unten noch einmal die Tür. Der Oberkämmerer trat ein. Nein, man konnte eigentlich nicht sagen, dass er eintrat: sondern er wurde mit ziemlich großer Heftigkeit hereingeschoben . . .

Als Eurystheus den Mann erblickte, der seinen obersten Diener da wie ein Bündel aus Gewändern und erschlafften Gliedmaßen vor sich herschob, sank er mit einem verblüfften Seufzer wieder in seinen Königsstuhl zurück.

Das Löwenfell, der Schädel, die Keule – wie der Blitz schoss ihm allerlei durch den schmerzenden Kopf, was er über Herakles gehört hatte – wie er aussah, wie groß und wie stark er war – ja, es gab keinen Zweifel!

Gerade als der König einen leisen Schauder über seinen Rücken kriechen fühlte, fiel ihm rechtzeitig ein, dass er keine Angst zu haben brauchte – da ihm ja nach dem Willen der Götter die anderen Nachkommen des Perseus untertan sein mussten. Dennoch fuhr er erschrocken zusammen, als Herakles mit einem letzten gewaltigen Schritt vor ihm stand und den Oberkämmerer mit einem Ruck auf die Füße stellte.

»Du hast mich lange warten lassen, Vetter«, sagte er und musterte Eurystheus neugierig. »Aber da du ein König bist« – er grinste ein wenig – »so musste ich es wohl hinnehmen! Gib zu, dass ich sehr geduldig war! Aber dieser Mann wollte mich noch immer nicht einlassen. So habe ich ihn mitgenommen«, fügte er entschuldigend hinzu, während der Kämmerer sich eilig zur Seite schlich, froh, der schrecklichen Faust entronnen zu sein. Eurystheus erhob sich.

Es gefiel ihm nicht, dass er so weit zu diesem Verwandten hinaufblicken musste. Doch es half nicht viel, er reichte ihm auch stehend kaum bis an die Schultern. So setzte er sich schnell wieder: Der Königsthron mochte ihm vielleicht einige Würde verleihen.

»Du hast dich nicht zu beklagen!«, sagte er hochmütig. »Ich habe dich zweimal rufen lassen und du bist nicht gekommen! Hast du vergessen, dass ich der älteste der Perseusenkel bin und dass ihr anderen mir zu gehorchen habt?«

Herakles legte bedächtig den Löwenschädel und die Keule auf die Stufen und setzte sich daneben. Ihm war es gleich, dass er da unten saß und dieser Vetter, den er nicht mochte, oben auf dem Thron.

»Warte ein wenig, König Eurystheus!«, begann er und es lag nur ein ganz leiser Spott in seiner Stimme. »Du irrst dich nämlich! Ich komme geradewegs vom Delphischen Orakel! Die Pythia hat mir den Beschluss der Götter verkündet. Ich habe nur zwölf Aufgaben zu erfüllen, die du mir stellen darfst. Danach ist deine Herrschaft über mich zu Ende!«

Eurystheus beugte sich vor, sein Gesicht war feuerrot geworden. »Was sagst du da?«, stieß er hervor. Aber er zweifelte nicht einen Augenblick daran, dass Herakles die Wahrheit sprach. »Ja und – bei den Göttern! – ich bin froh, dass ich dir dann nicht mehr zu gehorchen brauche!«, sagte Herakles so aufrichtig, dass Eurystheus ihm am liebsten an die Kehle gesprungen wäre! Aber wozu sollte das gut sein?, dachte er erbittert. Dieser große Vetter da würde ihn nur gleichmütig mit einer Hand im Genick packen und ihn wieder auf den Boden stellen.

Finster starrte er vor sich hin, während er hastig nachdachte. Da waren also diese zwölf Aufgaben, die er Herakles stellen durfte! Oh, wer weiß – vielleicht ließ sich unter ihnen eine finden, die den Vetter das Leben kostete! Dann wäre dieser Verwandte, dessen Ruhm ihm längst ein Dorn im Auge war, aus dem Weg geräumt. Er warf einen missgünstigen Blick auf den Löwenschädel, der da auf den Stufen lag, und auf das riesige Fell, das Herakles so herrliches Aussehen verlieh. Und plötzlich durchzuckte ihn ein Gedanke. Zwar musste es ein gewaltiger Löwe gewesen sein, den Herakles erschlagen hatte; aber immerhin war es ein ganz gewöhnlicher Löwe, an dem außer seiner Größe gewiss nichts Besonderes war. Es gab jedoch einen anderen Löwen . . . Langsam breitete sich ein zufriedener Ausdruck über das zornige Gesicht des Königs: Er hatte gefunden, was er suchte. »Du hast da ein prächtiges Löwenfell erbeutet!«, sagte er mit einem tückischen Lächeln. »Es würde mir als König wohl anstehen, meinst du nicht? Leider lassen mir meine vielen Pflichten keine Zeit auf die Jagd zu gehen. Du hingegen hast nichts zu tun, als allerlei Abenteuern nachzujagen. Und da du doch so stark und mutig bist, wie man allenthalben erzählt, könntest du mir gewiss ein solches Fell beschaffen.«

Er schwieg einen Augenblick, als wäre ihm eben etwas eingefallen. »Ei freilich, Vetter –«, sagte er eifrig, »da kommt mir gerade ein guter Gedanke! Hast du jemals vom nemeischen Löwen gehört? Er treibt in meinem Land seit Jahr und Tag sein Unwesen und niemand vermag ihn zu töten, obgleich die besten Jäger gegen ihn ausgezogen sind. Keiner ist zurückgekehrt und nun wagt es schon seit langer Zeit niemand mehr, gegen ihn zu kämpfen.« Er warf einen lauernden Blick hinauf zu Herakles. »Du würdest es gewiss auch nicht wagen«, fuhr er fort; seine Stimme klang jetzt spöttisch und er merkte mit Befriedigung, wie Herakles bei den verächtlichen Worten auffuhr. »Aber – ich könnte dir doch auftragen, mein Land von dem Ungeheuer zu befreien – das wäre nach dem Ratschluss der Götter ja mein gutes Recht! Was sagst du dazu? Freilich will ich dich auf keinen Fall in den sicheren Tod treiben!«, fügte er heuchlerisch hinzu. »Aber wenn ich es recht bedenke – dir würde es großen Ruhm einbringen und die Menschen in meinem Lande würden es dir danken! Ja, wahrhaftig, je länger ich es überlege, desto besser scheint es mir. Ich befehle dir also, als erste der zwölf Taten, die du für mich zu verrichten hast, den Löwen von Nemea zu töten!«

Herakles hatte schweigend und sehr aufmerksam zugehört. Jetzt schüttelte er bekümmert den Kopf. »Glaubst du, ich merke nicht, dass du mich gerne in das Reich der Schatten senden möchtest? Das macht mich traurig, da du doch mein

Verwandter bist. Aber gib dir keine Mühe! Der Löwe von Nemea wird mich bestimmt nicht töten und eines Tages bringe ich dir sein Fell, das schwöre ich dir! Bis dahin gehab dich wohl, edler König!« Eurystheus blickte ihm verdutzt nach, als er schnellen Schrittes zur Tür ging. Er merkte zu seinem Ärger, dass er Angst hatte vor diesem Vetter. Und er wünschte heftig, Herakles käme nie wieder. Herakles aber verließ den Palast und die Stadt und machte sich auf den Weg in die Gegend von Nemea, um den Löwen zu suchen. Von den Leuten, die er unterwegs befragte, erfuhr er allerlei, was ihn gewiss beunruhigt hätte – wäre er eben nicht Herakles gewesen. So aber weckten die seltsamen und unheimlichen Geschichten nur seine Abenteuerlust und seine Neugier, dem Ungeheuer zu begegnen.

»Es ist zweimal so groß wie ein gewöhnlicher Löwe!«, sagten die einen. »Vielleicht ist es gar kein Tier, sondern ein Dämon, der diese Gestalt angenommen hat!«

»Jeder Pfeil und jede Lanze prallen an ihm ab!«, erzählten andere. »Der Löwe ist unverwundbar!«

»Er muss aus Stein oder aus Erz sein!«, meinte ein alter Jäger. »Ich stand einmal auf einem hohen Felsen und sah ihn unten durch die Schlucht schleichen. Ein paar schwere Steinblöcke lagen neben mir. Ich schob den größten an den Rand des Felsens und berechnete genau die Zeit. Als der Löwe unten nahe genug war, wälzte ich den Stein über den Rand. Ich schwöre dir, er traf das Untier mitten auf den Rücken, denn ich verstehe zu zielen. Der Block hätte ihm das Rückgrat zerschmettern müssen! Ich hörte deutlich das laute Krachen, als er aufschlug. Aber der Löwe brüllte nicht einmal; er schüttelte sich nur ein wenig und ging ruhig weiter. Ich rate dir, Fremder, findest du irgendwo seine Spur, dann kehre schleunigst um, wenn dir dein Leben lieb ist.« Aber Herakles dachte gar nicht daran. Dieses Abenteuer musste er bestehen, koste es, was es wolle!

Kreuz und quer durchstreifte er die Wälder und das gebirgige Land zwischen Kleonä und Nemea, viele Tage lang. Zuweilen fand er eine Spur und folgte ihr. Sie verlor sich jedoch stets wieder auf dem felsigen Boden oder im weichen Moos. Eines Tages, als es schon dämmerte, kam er zur Hütte eines Holzfällers. Der war ein freundlicher Mann und lud ihn ein, bei ihm zu übernachten.

»Es wäre gefährlich, im Freien zu schlafen«, sagte er, »denn der Löwe treibt sich wieder in unserer Gegend herum. Die Hirten hören ihn manchmal des Nachts brüllen und sie haben auch seine Spuren gefunden.«

Herakles horchte auf. »Der Löwe? Meinst du das Ungeheuer, von dem alle im Lande reden? Was weißt du von ihm? Erzähle mir alles – ich muss es wissen: Denn ich will den Löwen erlegen!« Der Holzhauer starrte ihn entsetzt an. »Die Götter müssen deinen Verstand verdunkelt haben! Wir alle beten, dass das Untier uns nie zu Gesicht kommen möge – und du willst versuchen, es zu töten! Ich sage dir, niemand vermag ihm den Garaus zu machen, denn es ist kein gewöhnlicher Löwe. Er stammt von dem gräulichen Riesen Typhon und der drachenköpfigen Echidna ab, sagen unsere alten Leute. Andere behaupten, er sei eines Nachts vom Mond auf die Erde herabgefallen als Strafe der Götter für die Bosheit der Menschen. Kurz und gut: Von allen, die jemals gegen ihn ausgezogen sind, ist keiner zurückgekehrt.«

»Genau das Gleiche hat mir auch König Eurystheus gesagt«, antwortete Herakles trocken. »Trotzdem befahl er mir, ihm das Fell des Löwen zu bringen. Und da mir auch die Götter kundgetan haben, dass es ihr Wille ist, muss ich wohl gehorchen.« Der Holzhauer nickte mitleidig. »Du musst zwar sehr stark sein, da du schon einen so gewaltigen Löwen erlegt hast«, sagte er und musterte ehrfürchtig die große Gestalt seines Gastes, das Fell und den Schädel, der ihm im Nacken hing. »Dennoch wirst auch du nicht wiederkommen. Ich will aber gerne morgen früh dem Zeus einen weißen Widder opfern, damit er dir den Sieg verleiht. Denn du bist ein tapferer Held und es wäre jammerschade um dein junges Leben!«

Herakles lachte. Aber sogleich wurde er wieder ernst. »Warte noch drei Tage mit deinem Opfer«, sagte er. »Kehre ich bis dahin nicht zurück, so magst du ein Totenopfer für mich darbringen, denn dann bin ich in das Reich der Schatten hinabgestiegen. Jetzt aber wollen wir schlafen! Du siehst, es ist unterdessen Nacht geworden.«

Er musste sich tief bücken, als er durch die niedrige Türöffnung in die Hütte trat.

Kaum sah er noch, wie sein freundlicher Wirt sorgsam den Eingang mit dicken Balken verschloss, die er zu beiden Seiten in die Kerben der Holzwand schob. Im nächsten Augenblick war er fest eingeschlafen. Er schlief die ganze Nacht so ruhig, als stünde ihm nicht ein schreckliches Abenteuer bevor, während sich der Holzhauer ruhelos auf der Streu hin und her warf und sich den Kopf zerbrach, wer sein seltsamer Gast wohl sein mochte. –

Früh am Morgen nahm Herakles Abschied und wanderte

fort, wieder kreuz und quer durch den Wald oder über Wiesen, auf denen Rinderherden weideten. Zuweilen hörte er eine Stimme, die von einem Baum herabkam, und er begriff, dass die Hirten, die ihre Herden hüten sollten, da oben saßen, weil sie aus Furcht vor dem Löwen nicht herabzusteigen wagten. Er sah auch, dass die Tiere unruhig waren und dass die starken Stiere ihre Kühe und Kälber wachsam umkreisten und immer wieder zum Walde hin witterten, während ihre Hufe zornig den Boden stampften und der Atem wie eine Wolke aus den Nüstern dampfte. Herakles blieb im Schatten eines großen Baumes stehen und sah sich um.

»He, Fremder, mach dich schleunigst davon aus dieser verfluchten Gegend!«, kam sogleich eine Stimme aus der Krone herab. »Sobald es dämmert, ist dein Leben keinen Kieselstein mehr wert. Denn dort drüben im Wald haust jetzt der Löwe – du hast doch gewiss gehört, was er für ein entsetzliches Ungeheuer ist!« Herakles blickte neugierig in das bärtige Gesicht, das oben zwischen den Zweigen erschienen war. »Hast du ihn gesehen – diesen Löwen?«, fragte er. »Die Götter mögen mich bewahren!«, antwortete der Hirte erschrocken. »Aber in der letzten Nacht muss er sich ganz nahe an meine Herde herangeschlichen haben. Es war sehr dunkel und ich bin wohl ein wenig eingenickt. Da hörte ich plötzlich, wie die Stiere, die Wache hielten, zornig zu schnauben und zu stampfen begannen, und dann rasten sie hinüber zum Wald, während die Kühe aufsprangen und mit ihren Kälbern nach allen Seiten davonrannten. Zum Glück sind sie allmählich wiedergekommen, als es hell wurde. Aber sieh dir die Stiere an! Sie haben noch immer die Witterung des Löwen in der

Nase und ich wette, das Ungeheuer lauert schon im Gebüsch und kommt wieder, sobald es dunkel wird! Ich sage dir, ich wäre schon längst mit der Herde fortgezogen, wenn dies nicht die saftigsten Weiden weitum im Lande wären. Aber ich bitte dich, geh jetzt! Es ist ein weiter Weg bis zum Dorf, in dem du Obdach findest. Halte dich nur immer nach links, dann kannst du nicht in die Irre gehen!«

»Hab Dank!«, sagte Herakles und begann, mit großen Schritten nach rechts zum Wald hinzuwandern. »He, bist du toll geworden?«, schrie der Hirte und beugte sich weit aus dem Geäst. »Du willst wohl dem Löwen geradewegs in den Rachen laufen! Nach links habe ich gesagt!« Herakles blickte sich um. »Gib acht, dass du nicht herabfällst!«, warnte er. »Heute Abend kannst du wieder ruhig unten im Grase schlafen, denn dann wird der Löwe tot sein!« Der Hirte seufzte laut vor Schrecken und wäre um ein Haar wirklich vom Baum gestürzt.

»Den Narren sieht niemand wieder!«, murmelte er kopfschüttelnd und schob sich ein wenig behaglicher zurecht, weil ihm einige Körperteile vom Sitzen auf dem Baum ziemlich wehtaten.

Derweilen ging Herakles schon mit langen Schritten auf den Waldrand zu. Nachdenklich betrachtete er den zerfetzten Rasen, den die Hufe der Stiere aufgerissen hatten. Wenigstens zehn oder zwölf von ihnen müssen den Löwen angegriffen haben, dachte er. Das genügt, um auch das stärkste Ungeheuer in die Flucht zu schlagen. Ich fürchte, sie haben ihm einen gewaltigen Schrecken eingejagt und er hat es vorgezogen, diese Gegend schleunigst zu verlassen. Verdrießlich blickte er um sich. Aber wie sollte er auf dem zerstampften Boden eine Löwenspur unterscheiden? »Nun muss ich wieder von Neuem zu suchen beginnen«, knurrte er. »Aber zuvor will ich ein wenig schlafen. Die Sonne steht schon hoch und ehe es dämmert, kommt das Ungetüm gewiss nicht aus seinem Schlupfwinkel – wenn es überhaupt noch hier ist.« Und er kroch in ein Dickicht, legte seine Waffen griffbereit neben sich, schob sich den Löwenschädel unter den Nacken und schlief ein. –

Irgendetwas weckte ihn. Er wusste nicht, was es war, aber er sprang blitzschnell in die Höhe und raffte Bogen und Köcher auf. Zugleich kam ihm zum Bewusstsein, dass es viel dunkler geworden war. Er musste sehr lange geschlafen haben. Und dann – Herakles biss die Zähne zusammen und jede Sehne an seinem Körper spannte sich. Er wusste plötzlich, was ihn geweckt hatte!

Aus der grauen Dämmerung, die zwischen den Bäumen hing, starrte etwas zu ihm herüber – zwei gelbe Augen wie fahle, halb verhangene Lichter ...

Er sah den Löwen nicht, das Gesträuch war dort drüben sehr dicht – nur diese Augen schienen da zu sein, wie Irrlichter. Ganz langsam hob Herakles den Bogen, legte den Pfeil auf die Sehne und zielte zwischen die gelben Augen.

Der Wind mochte wohl gegen ihn stehen, denn der Löwe war ganz ruhig – er hatte seine Witterung noch nicht aufgefangen. Mit einem leisen Zischen flog der Pfeil hinüber – es gab ein Geräusch, ein sehr merkwürdiges Geräusch, als sei er gegen Eisen geprallt.

Und dann richtete sich der Löwe auf. Zwischen den Zweigen sah Herakles jetzt seine breite Brust und den gewaltigen Schädel. Hastig griff er nach einem zweiten Pfeil. Er zielte genau dahin, wo das Herz sein musste. Selbst wenn ich das erste Mal fehlgeschossen hätte – diesmal gewiss nicht!, dachte er. Er sah den dünnen hellen Schaft hinüberfliegen – ja, er musste treffen, mitten ins Herz –, aber was war das! Wieder dieser seltsame Ton, als schlüge Erz auf Erz – und der Pfeil, dieser Pfeil, der eigentlich tief in der Brust des Löwen stecken musste, fiel kraftlos zur Erde hinab.

Herakles stieß eine Verwünschung aus. Er fühlte zu seinem Ärger, wie ihm ein wenig unheimlich zumute wurde. Was sollte das alles bedeuten? Es gab doch keinen lebenden Löwen, der aus Erz bestand! Freilich – wenn er von den beiden Ungeheuern Typhon und Echidna abstammte –, wer konnte wissen, woraus er dann bestand? Oder auch, wenn er vom Mond herabgefallen war.

In diesem Augenblick sah ihn der Löwe. Ein dumpfes Murren kam aus seiner Kehle, die gelben Augen begannen zu schillern, die Mähne sträubte sich und sein langer Schweif peitschte den Boden. Herakles warf den Bogen und den dritten Pfeil, den er aus dem Köcher gerissen hatte, fort. Nein, zu spät – zu spät, um zu zielen und zu schießen!

Blitzschnell raffte er die Keule auf, und als der Löwe sich zum Sprung duckte, warf er sich zur Seite.

Eine Armlänge neben ihm prallte das Untier auf den Boden – und fast zugleich sauste die Keule auf seinen Nacken nieder. Herakles hatte seine ganze Kraft in den Schlag gelegt. Aber als die Keule den Nacken des Löwen traf, flog sie ihm beinahe aus den Händen und ein so schrecklicher Schmerz durchzuckte seine Arme, dass es ihm einen Augenblick schwarz vor den Augen wurde. Dem Löwen waren unter dem gewaltigen Schlag zwar die Beine eingeknickt und sein Kopf wackelte, aber als das Tier ihm jetzt den Schädel mit dem aufgerissenen Rachen zukehrte – da wusste Herakles, dass er dennoch verloren war, wenn er jetzt nicht schneller war als der Löwe!

Er stieß die Keule mit aller Kraft in den aufgerissenen Rachen und dann tat er das Einzige, was ihn – vielleicht – noch retten konnte: Mit einem Satz warf er sich der Länge nach auf den Rücken des Löwen – ein Ächzen kam aus seiner Brust – oh, das Ungeheuer musste wirklich aus Stein oder Erz sein! Er schlang dem Löwen die Arme um den Hals und begann, ihn mit aller Kraft zu würgen.

Einen Augenblick schien das Untier wie erstarrt vor Überraschung; dann schüttelte es unter gräulichem Knurren und nicht ohne Mühe die Keule aus dem Rachen. Und jetzt begann ein fürchterlicher Kampf.

Der Löwe versuchte vergeblich, den Schädel zur Seite zu drehen und zu beißen: Er konnte Herakles nicht erreichen. Da warf er sich zu Boden und wälzte sich wütend hin und her, um seinen Feind unter sich zu zermalmen. Jeder andere Sterbliche hätte wohl jetzt seine Seele ausgehaucht und auch Herakles ächzte unter dem Gewicht des steinernen Tierleibes und meinte, alle Rippen müssten ihm zerbrechen. Aber er ließ nicht los. Mit den Beinen umklammerte er die Flanken des Löwen, die Arme presste er um den Hals zusammen, dass die Sehnen wie Stricke hervortraten: Es musste ihm gelingen, das Untier zu erwürgen, sonst –

Da schnellte der Löwe plötzlich wieder in die Höhe, sodass Herakles um ein Haar zu Boden gestürzt wäre, und begann zu rennen, kreuz und quer zwischen den Bäumen durch. Er versuchte, Herakles an den Stämmen abzustreifen, und zwängte sich durch Dornengestrüpp und Dickicht, um sich von seinem Reiter zu befreien. Die Rinde riss Herakles die Haut an Armen und Beinen auf, die Zweige schlugen ihm ins Gesicht, sodass er den Kopf in die Mähne vergraben musste und nichts mehr sehen konnte. Aber loslassen, nein, loslassen durfte er nicht – etwas anderes vermochte er nicht mehr zu denken.

Sein Atem ging keuchend und der Schweiß rann ihm in kleinen Bächlein am Körper herab; die zerschundene Haut brannte wie Feuer. Er wusste längst nicht mehr, wie lange die schreckliche Jagd schon dauerte. Manchmal durchzuckte der Gedanke seinen schmerzenden Kopf, dass einmal selbst seine gewaltige Kraft erlahmen musste und dann . . . es kam nur darauf an, wer länger aushielt – er oder dieses entsetzliche Tier.

Plötzlich horchte er auf. Ihm schien, als sei da neben dem Keuchen des Löwen jetzt noch ein anderer Ton wie ein Pfeifen, ein Heulen fast, das aus seiner zottigen Brust drang, als koste ihn das Atmen immer größere Mühe.

Eine wilde Hoffnung überkam Herakles. Verließen das Ungeheuer endlich die Kräfte?

Vielleicht, wenn er noch eine letzte gewaltige Anstrengung machte . . . in diesem steinharten Tierleib mussten doch auch Eingeweide sein, die . . .

Aber im selben Augenblick wusste er, dass alles vergebens war. Ein schrecklicher Krampf packte seine Arme, er ächzte vor Schmerz – aber das merkte er schon gar nicht mehr. Wie ein dunkler Vorhang senkte es sich über seine Augen und er fiel . . . in eine unendliche schwarze Tiefe – so schien es ihm. Aber er war nur hilflos vom Rücken des Löwen hinabgerollt auf den Boden und da lag er nun und die Sinne hatten ihn verlassen.

Irgendeinmal erwachte er aus seiner Betäubung. Er wusste nicht gleich, wo er sich befand und was mit ihm geschehen war. Halb blind noch tastete er nach seiner Keule. Er fand sie nicht. Stattdessen griff seine Hand in dichtes raues Tierfell . . . Er riss die Augen auf und schnellte in die Höhe.

Ein wenig taumelnd stand er da und starrte auf den Löwen hinab, der regungslos zu seinen Füßen lag: Die Augen waren aus den Höhlen gequollen, ein rotes Rinnsal floss aus seinem Rachen ins Moos.

»Ich – ich habe ihn also doch noch erwürgt!«, sagte Herakles plötzlich ganz laut, als könnte er es kaum glauben. Aber zugleich war ihm auch schon wieder die Erinnerung gekommen, an alles, was sich zugetragen hatte.

Er wartete ein wenig, bis es in seinem Kopf wieder klar wurde, dann zog er das Messer aus dem Gürtel und machte sich daran, dem toten Ungeheuer das Fell abzuziehen. Es war ein herrliches Fell, die Mähne dunkel und langhaarig – aber was nützte ihm das? Herakles merkte sogleich, dass sein scharfes Messer es nicht zu durchschneiden vermochte. Eine Weile saß er ratlos auf dem leblosen Tierleib, der so schwer war, dass er ihn mit seiner ganzen riesigen Kraft nicht von der Stelle zu rücken vermochte. »Er muss wirklich aus Erz sein!«, sagte er missmutig. »Und wenn die Götter wollen, dass ich

Eurystheus das Fell bringe, dann mögen sie mir auch helfen, das Ungeheuer abzuhäuten.«

Nachdenklich runzelte er die Stirn: Sein Blick war auf die Krallen des Löwen gefallen, die lang und spitz wie Pfeile an den gewaltigen Tatzen saßen.

Wer weiß – vielleicht . . . Herakles kauerte sich nieder, ergriff eine der Pranken und drückte die scharfen Krallen in das Fell am Bauch des Löwen.

Im selben Augenblick schrie er vor Verwunderung auf. Die Krallen, diese mörderischen Krallen, schnitten mühelos durch die dicke Haut, die sein Messer nicht einmal geritzt hatte! Er zuckte die Achseln und beschloss, sich über nichts mehr zu wundern, was diesen Löwen betraf, der nun einmal kein gewöhnlicher Löwe war.

Es dauerte gar nicht lange, da lag das Fell mit dem gewaltigen Schädel säuberlich ausgebreitet vor ihm auf der Erde, und als er es voll Stolz und Bewunderung betrachtete, schien es ihm wahrhaftig zu schade für den Schwächling Eurystheus. Er fühlte den heftigen Wunsch, es für sich zu behalten und dem Vetter sein altes Fell zu bringen, das schon ein wenig unansehnlich zu werden begann.

Aber er schob den Gedanken sogleich wieder von sich. Nein, wie könnte er die Götter betrügen?

Es war ihm leicht und froh zumute, weil er dieses Abenteuer so gut bestanden hatte.

Er kam auf die Weide hinaus, wo die Kühe und Kälber sich schon zum Schlafen niedergelegt hatten, während die Stiere die Herde umkreisten und die Hirten auf den Bäumen hockten und auch schliefen. Denn es war mittlerweile vollends

Nacht geworden. Allmählich fühlte Herakles, wie er müde wurde. »Aber ich will noch bis zur Hütte des Holzfällers gehen und dort übernachten«, sagte er zu sich. »Sonst wird der gute Mann morgen gewiss das Totenopfer für mich darbringen!«

Doch der Weg war länger, als er gedacht hatte, und so mochte es fast Mitternacht sein, als er die Hütte erreichte.

Da war der Eingang schon verschlossen und Herakles sah, dass ein wenig entfernt auf der Lichtung der Holzstoß für das Opfer aufgeschichtet war. Er lächelte in der Dunkelheit, denn es rührte ihn, dass der Holzhauer ihn nicht vergessen hatte. Und weil er seinen Schlaf nicht stören mochte, breitete er das Löwenfell vor der Hütte auf den Boden, legte sich darauf und schlief müde und zufrieden ein. –

Er erwachte, weil ihm die Sonne ins Gesicht schien, die schon hoch über den Bäumen stand, und weil neben ihm der Holzhauer mit lauter Stimme die Götter pries und ihn selbst, weil er den nemeischen Löwen erlegt und das Land von einer entsetzlichen Plage erlöst habe.

Herakles stand auf und sie opferten gemeinsam ein schwarzes und ein weißes Lamm zum Dank an die Unsterblichen. Nachdem sie von dem Opferfleisch gegessen und ein wenig Wein getrunken hatten, nahm Herakles Abschied von dem freundlichen Mann und wanderte fort, abermals über Weideland und durch Wälder, bis er an die Straße kam, die nach Mykene führte. Manchmal sang er eine Weile, um sich die Zeit zu vertreiben. Er sang nicht besonders schön, aber sehr laut, und wenn er an einem Bauernhof vorüberkam, liefen die Leute vor das Tor und bestaunten ihn; und wenn sie dann begriffen, dass er den Löwen erschlagen hatte, bewirteten sie ihn in ihrer Freude mit allem, was sie nur herbeischaffen konnten.

Herakles fühlte sich so glücklich wie noch nie in seinem jungen Leben. –

So zog er viele Tage durchs Land, bis er endlich eines Morgens die Stadt Mykene und die Mauern und Türme der Burg vor sich sah. – Der Wächter auf dem Torturm erkannte ihn sogleich und beeilte sich, ihn einzulassen.

Zur selben Stunde lief König Eurystheus in der Morgenkühle ruhelos auf dem Dach seines Palastes hin und her. Er war übler Laune, wie stets, wenn er nachts nicht schlafen konnte. In dieser Nacht hatte er kein Augen zugetan, und das hatte einen ganz besonderen Grund. Am Abend zuvor waren Gäste in die Königsburg gekommen. Ein großes Gelage wurde veranstaltet, man erzählte allerlei merkwürdige Geschichten, mochten sie nun wahr sein oder nicht. Eurystheus hatte schon viel getrunken und war schläfrig geworden. Aber plötzlich fuhr er auf.

Irgendjemand nannte einen Namen. Und das war genau der Name, den er am wenigstens zu hören wünschte. »Herakles ist im Lande«, sagte einer der Gäste. »Er ist doch dein Vetter, König Eurystheus? In den Höfen, an denen wir vorübergeritten sind, reden die Bauern von nichts anderem als von ihm und davon, dass er den Löwen von Nemea mit seinen bloßen Händen erwürgt habe! Bei den Göttern, du kannst stolz sein auf deinen Verwandten, König!« Er brach ab und sah Eurystheus verwundert an. »Aber – was hast du denn? Ist dir übel geworden? Du siehst aus, als wären dir die Erinyen auf den Fersen!« Eurystheus tat einen mühsamen Atemzug, es klang wie ein Ächzen. Oh nein, nicht die erbarmungslosen Rachegöttinnen – aber Herakles würde kommen – Herakles, den er in den Tod schicken wollte und der jetzt gewiss Rache nehmen und ihn töten würde! Er merkte, dass die Gäste alle still geworden waren. Da zwang er sich zu einem Lachen. Sie brauchten nicht zu wissen, wie sehr er sich fürchtete!

»Nein – es ist nichts!«, sagte er heiser. »Vielleicht war der Wein nicht gut! Bleibt ruhig hier! Ich glaube, ich muss nur schlafen, dann ist morgen alles wieder in Ordnung!« Er erhob sich und ging hastig auf unsicheren Beinen aus dem Saal. Nein, nichts würde in Ordnung sein! Und aus dem Schlafen wurde schon gar nichts!

Und so kam es, dass König Eurystheus jetzt auf dem Dach hin und her lief und zum Tor hinüberstarrte, durch das Herakles kommen würde – irgendwann, in einer Stunde vielleicht oder in drei . . . Plötzlich sah er ihn.

Der Wächter hatte das Tor geöffnet und Herakles kam mit seinen langen lässigen Schritten die Gasse herauf, das Löwenfell mit dem gewaltigen Schädel achtlos über die Schulter geworfen. Eurystheus fühlte, wie ihm der kalte Schweiß auf die Stirn trat! Ach, was kümmerten ihn jetzt das Fell und der Löwe! Er wollte nicht mehr allein hier auf dem Dach bleiben und warten, bis . . .

Unten im Palast waren die Knechte und die Wächter! Sie mussten ihn schützen, es war ihre Pflicht!

Mit zitternden Knien stieg er hinunter. Als er in den langen halbdunklen Gang kam, wo die riesigen tönernen Vorratstonnen in einer Reihe an der Wand standen, lief ihm der Oberkämmerer entgegen. Er sah sehr verstört aus.

»Herr – Herakles ist gekommen!«, stieß er hervor und packte den König am Arm. Zu jeder anderen Zeit wäre er dafür ausgepeitscht worden. Aber heute merkte es Eurystheus nicht einmal. Denn in diesem Augenblick sagte irgendwo, noch weit entfernt im Gang, eine Stimme, die er nur allzu gut kannte: »Wo ist der König? Führe mich sogleich zu ihm!«

Als Eurystheus das hörte, verließ ihn auch der winzige Rest von Mut, den er vielleicht noch besessen haben mochte. Mit einem erstickten Schrei duckte er sich und war wie der Blitz in der Tonne verschwunden, die gerade neben ihm stand und zu seinem Glück leer war.

Eigentlich wusste er nicht, warum er das tat. Denn wie hätte ihn die Tonne vor Herakles schützen können? Der riesige Vetter brauchte ja nur den Arm auszustrecken und ihn herauszuholen. Aber in der Angst tun eben die Menschen mancherlei, was ohne Sinn ist.

Der Oberkämmerer hatte seinem Herrn verblüfft zugesehen. Jetzt bückte er sich erschrocken, obgleich sein Bauch es ihm sehr schwer machte. Aber aus der Tonne drangen schon die hastig geflüsterten wirren Befehle des Königs, die kein Zögern duldeten.

»Geh augenblicklich Herakles entgegen! Ich will ihn nicht sehen! Ich bin krank oder ich sterbe – erzähle ihm, was du willst! Aber er darf mir nicht unter die Augen kommen, ehe er die zwölf Taten vollbracht hat, die ich ihm auftrage. Den Löwen hat er erlegt! Jetzt soll er nach Lerna gehen und die Hydra töten. Das ist mein zweiter Befehl! Lauf und sage ihm das!«

Der Oberkämmerer seufzte und lief. Genau da, wo der Gang um die Ecke bog, stieß er gegen Herakles.

»Oh – vergib mir, Herr, ich – ich konnte dich nicht sehen!«, stotterte er entsetzt. Aber Herakles blickte ganz freundlich zu ihm hinab. »Du bist es, Dickwanst?«, sagte er. »Komm, zeige mir, wo ich deinen König finde. Dieser armselige Wicht da weiß es nicht.« Er sah sich nach dem Knecht um, der ihn begleitet hatte. Aber der war schon flink und sehr erleichtert verschwunden. »Ja, das ist nun traurig, Herr«, begann der Kämmerer, der inzwischen ein wenig Mut gefasst hatte, weil Herakles gar nicht böse schien. »König Eurystheus ist nämlich krank und kann dich nicht sehen. Aber er lässt dir sagen, du möchtest dich schleunigst nach Lerna begeben und die Hydra töten. Das ist deine zweite Aufgabe.«

Herakles lachte. »Wahrscheinlich ist mein Vetter krank vor Angst, ich könnte ihm seine Tücke heimzahlen. Und weil mir der Löwe nicht den Garaus gemacht hat, hofft er, die Schlange von Lerna wird es tun«, sagte er vergnügt. »Aber er kann ganz ruhig sein: Ich habe genauso wenig Sehnsucht nach ihm wie er nach mir. Bringe ihm also das Fell und richte ihm aus, dass ich ihm eines nicht fernen Tages auch die Köpfe der Hydra zu Füßen legen werde, wie es sich für einen gehorsamen Untertanen geziemt.« Er warf dem Kämmerer das Löwenfell über die Schulter, sagte »Gehab dich wohl, Dickwanst!«, und ging leichtfüßig durch den Gang zurück zum Tor.

Als es hinter ihm zufiel, kroch drinnen Eurystheus aus der Tonne. Er warf einen scheuen Blick auf das Fell und den gewaltigen Schädel und wider seinen Willen überkam ihn etwas wie Bewunderung für den starken, tapferen Vetter. Aber das währte nur einen Augenblick und alsbald gewannen Neid und Hass wieder die Oberhand. Ein grausames Lächeln zog über sein Gesicht. Die Hydra!, dachte er. Das neunköpfige Ungeheuer! Nein, ihr wird Herakles nicht entrinnen!

Die Hydra von Lerna

Die Hydra hauste im Sumpf von Lerna. Auch sie war eine Tochter des schrecklichen Paares Typhon und Echidna. Ihr gefleckter Schlangenleib war lang und dick wie ein Baumstamm, auf dünnen Hälsen saßen neun grauenerregende Köpfe, die mit unheimlicher Schnelligkeit hin und her zuckten, sodass niemand, weder Mensch noch Tier, ihnen entrinnen konnte.

Aber da war noch etwas anderes – das Schlimmste von allem: Der Kopf, der in der Mitte saß, war unverwundbar. Selbst wenn es jemandem gelungen wäre, der Hydra die anderen acht abzuschlagen – dieser Kopf blieb lebendig. Und weil auch die abgeschlagenen sogleich wieder nachwuchsen, gab es nicht die leiseste Hoffnung, dass irgendein Sterblicher jemals dieses Ungeheuer töten könnte, das viele Meilen im Umkreis das fruchtbare Land in eine menschenleere Einöde verwandelte. Was half es den armen Leuten, wenn sie die Gegend um den Sumpf verließen, sich irgendwo weit entfernt wieder ansiedelten und glaubten, in Sicherheit zu sein?

Irgendeinmal, nachts, entstieg die riesige Schlange dem Moor und wanderte fort, bis sie Menschen und Tiere fand. Oh, sie konnte sehr weit wandern und ihre Mordlust war entsetzlich! Jedes Kind wusste das alles.

Auch Herakles hatte oft davon erzählen gehört. Und während er seine Keule in der Hand, den Bogen über der Schulter und den Köcher mit Pfeilen gefüllt, seines Weges ging, war ihm recht ernst zumute.

Nicht, dass er Angst hatte. Aber er wusste, dass die Gefahr

diesmal sehr groß war. Eurystheus will mich mit aller Gewalt aus dem Weg räumen, dachte er, obgleich ich ihm nichts zuleide getan habe. Und die Hydra könnte ihm freilich ganz leicht diesen Dienst erweisen. Aber es soll ihr nicht gelingen. Da die Unsterblichen nun einmal wollen, dass ich diese zwölf Arbeiten verrichte, werden sie mir gewiss beistehen! Es wäre freilich sehr gut, wenn ich nicht ganz allein wäre! Gegen neun mörderische Köpfe zugleich zu kämpfen, ist viel für einen einzelnen Mann! Nein, wohl war dem tapferen Herakles ganz und gar nicht bei diesem Abenteuer! Ein wenig später schien ihm aber, die Götter hätten doch ein Einsehen.

Noch weit entfernt, vor ihm auf der Straße, tauchte eine Staubwolke auf. Bald vernahm er das Geräusch von Rädern und flinkes Hufgeklapper auf den Steinen.

Herakles wurde sehr wachsam. Es war nur ein einziger Wagen, der ihm da entgegenkam, und er erkannte jetzt auch schon deutlich den Lenker, der ein sehr junger Mann sein musste, so leicht und anmutig, wie er da oben stand und sein Gefährt lenkte. Und plötzlich erschien ihm etwas an dem Jüngling seltsam vertraut, dieses helle, bartlose Gesicht und das Haar, das die Farbe von wildem Honig hatte, genau wie sein eigenes. Er wusste es in dem Augenblick, als der Wagen mit einem Ruck vor ihm anhielt. »Du bist es, Iolaos!«, sagte er verblüfft. Der Jüngling stutzte nur einen Atemzug lang: Dann sprang er vom Wagen. »Herakles!«, rief er. »Wahrhaftig, die Götter meinen es gut mit mir! Ich wollte nach Mykene, weil ich gehört hatte, dass du den Löwen von Nemea erschlagen hast und Eurystheus das Fell bringen wolltest! Und nun läufst du mir hier in die Arme!«

Herakles musterte ihn neugierig. »Es tut gut, dich zu sehen, Iolaos! Du bist ja mittlerweile ein Mann geworden!« Iolaos lachte. »Es ist auch drei Jahre her, seit ich dich das letzte Mal gebeten habe, mich auf deine Reisen mitzunehmen! Bei den Göttern, ich habe nie im Leben jemanden so bewundert wie dich! Erinnerst du dich? Du hast mir damals versprochen, ich dürfte dich begleiten, wenn ich drei Jahre älter geworden sei! Nun – die drei Jahre sind um!«

Erwartungsvoll blickten die hellen Augen zu Herakles auf, der sehr nachdenklich geworden war.

Was war das für eine wunderliche Fügung? Er kannte Iolaos seit seiner Kindheit. Sie waren entfernt miteinander verwandt und der Knabe hatte stets mit leidenschaftlicher Bewunderung die Heldentaten des Älteren verfolgt.

Und nun? »Ich erinnere mich«, sagte Herakles zögernd. »Und es sieht fast so aus, als hätten die Götter dich mir gerade heute in den Weg geführt. Aber ich weiß nicht, ob ich dich mitnehmen kann. Denn das Abenteuer, zu dem ich diesmal ausgezogen bin, ist so gefährlich, dass es uns beide leicht das Leben kosten kann!« – »Was wirst du tun?«, forschte Iolaos mit funkelnden Augen. »Ich werde die Hydra töten!«, sagte Herakles kurz. Aber er fügte sogleich hinzu: »Oder ich steige zum Hades hinab, wenn dies mein Schicksal ist. Mein Vetter Eurystheus hat es mir aufgetragen und die Götter haben mir befohlen zu gehorchen.« Iolaos antwortete nicht gleich. Sein junges Gesicht war jetzt sehr ernst.

»So musst du es tun!«, sagte er endlich. »Und ich werde mit dir gehen. Erlaubst du es mir nicht, so werde ich dir dennoch folgen. Und du müsstest mich niederschlagen, wenn du mich daran hindern wolltest«, fügte er mit einem flüchtigen Lächeln hinzu. Herakles legte ihm den Arm um die Schultern: So war es also entschieden! »Ich weiß, dass du ein guter Kampfgefährte sein wirst«, sagte er nur.

Dann sprangen sie auf den Wagen. Die Pferde jagten den Sümpfen von Lerna entgegen.

Die Sonne stand noch über den Bäumen, als sie das Moorland erreichten. Die ersten Tümpel schillerten zu beiden Seiten der Straße, die Pferde begannen, die Hufe behutsamer zu setzen, denn der feste Grund war nur noch ein schmales Band zwischen dem tückisch schwankenden Moorboden. Hohes Schilf wuchs zwischen niedrigen Büscheln von Sumpfgras, ab und zu gab es noch einen Streifen schwarzer Erde, auf dem Gesträuch und halb abgestorbene Bäume ein armseliges Dasein fristeten. Aber plötzlich lag vor ihnen ein ziemlich großer freier Raum, der Boden wurde wieder trocken und fest. Felsblöcke lagen verstreut umher, als wären sie vor undenklichen Zeiten aus dem Innern der Erde emporgeschleudert worden; am Rande dieser Lichtung standen Bäume und Sträucher. Aber sie waren alle verdorrt und ihre braunen Äste starrten zum Himmel.

Dahinter aber dehnte sich eine weite, ölig schimmernde Wasserfläche. Die Pferde blieben von selbst stehen, weil es keinen Weg mehr für sie gab.

Die Männer blickten sich um und dann sahen sie einander an. »Ich möchte wissen, warum die Bäume hier, mitten im Sumpf, verdorrt sind«, sagt Iolaos nachdenklich.

Herakles starrte hinab auf das hohe Gras, das die Lichtung bedeckte. Auch dieses Gras war braun und verdorrt, obgleich der Sommer kaum begonnen hatte.

»Ich habe gehört, dass der giftige Atem der Hydra alles verbrennt«, sagte Herakles nach einer Weile. Er erhielt keine Antwort. Iolaos war vom Wagen gesprungen und folgte einer Spur, die sich ganz deutlich sichtbar durch das Gras wand. Im Gehen zog er das Schwert, eine andere Waffe hatte er nicht.

Herakles wollte ihm folgen, aber nach ein paar Schritten kehrte er noch einmal um. Er führte die Pferde an den Rand der Lichtung und schlang den starken ledernen Zügel fest um einen Baum. Die Tiere würden sonst samt dem Wagen davonrasen, wenn . . . wenn es begann.

Schnell ging er hinter Iolaos her. Es war eine breite Spur, das Gras niedergewalzt wie von einem schweren Körper. Vor ihnen, am Rande der Lichtung, befand sich eine Öffnung zwischen den dürren Bäumen und Sträuchern, fast wie ein Tor. Dahin führte die Spur. Und jenseits des Tores schillerte die Wasserfläche.

Sie lag ganz still da. Und auch ringsum herrschte Totenstille. Kein Vogel sang, kein Frosch quakte, nicht einmal das winzige geflügelte Getier war zu sehen, das sonst in flimmernden Schwärmen über dem fauligen Wasser der Sümpfe tanzte. Es schien in dieser Einöde kein lebendes Wesen zu geben.

Eine Weile blickten die Männer schweigend auf die Wasserfläche hinaus, die im Licht der untergehenden Sonne glänzte wie geschmolzenes Gold.

»Glaubst du, dass die Hydra in diesem Teich haust?«, fragte Iolaos plötzlich. Seine Stimme klang sehr laut in der Stille. Im nächsten Augenblick geschah etwas. Ziemlich weit vom Ufer entfernt, mitten im Teich, geriet das Wasser jäh in Bewegung. Irgendetwas tauchte auf und verschwand sogleich wieder: Vielleicht war es ein Kopf, ein abscheulicher platt gedrückter Schlangenkopf . . . sie hätten es nicht genau sagen können. Und es blieb ihnen auch keine Zeit, darüber nachzudenken. Denn jetzt – atemlos sahen sie, wie etwas auf sie zukam – es zog eine Furche durch die goldene Wasserfläche und es schwamm sehr schnell . . . Herakles biss die Zähne zusammen. Seine Faust umklammerte die Keule.

Iolaos war mit einem Sprung an seiner Seite. Und dann tauchte es vor ihnen auf – blitzschnell fuhren die Köpfe aus dem Wasser, neun scheußliche Köpfe mit faltigen Lidern und Augen so grau und leblos wie Stein. Dennoch lag ein Ausdruck so entsetzlicher Grausamkeit darin, dass den Männern ein Schauder über den Rücken lief.

Iolaos prallte zurück, als einer der Köpfe mit aufgerissenem Rachen auf ihn zuschoss.

Aber sein Schwert war schneller. Fast verblüfft sah er, wie der abgehauene Kopf zur Seite flog und der lange dünne Hals kraftlos hinabsank.

Er stieß einen Freudenschrei aus. Ha, war es so leicht, das Ungeheuer zu besiegen?

Ein zweiter Streich – der nächste Kopf zuckte durch die Luft und verschwand im aufspritzenden Uferwasser. Iolaos fühlte sich seines Sieges schon sehr sicher, als er abermals das Schwert in die Höhe schwang. Er warf einen schnellen Blick zu Herakles hinüber.

Aber – was war mit Herakles und diesem schrecklichen Kopf, der da in der Mitte aus dem Schlangenleib aufragte – größer und abscheulicher anzusehen als alle anderen? Zwar dröhnten die Keulenschläge unaufhörlich auf den Schädel nieder – aber der schien es kaum zu fühlen und schnellte nach jedem Schlag blitzschnell wieder in die Höhe. Iolaos begriff mit Entsetzen, dass der Gefährte um sein Leben kämpfte. Wenn er ein einziges Mal nicht schnell genug zuschlug, dann war er verloren ... Herakles keuchte, der Schweiß rann in Bächen an ihm herab. »Bei den Göttern, dieser Schädel ist wirklich unverwundbar und alles ist vergebens!«, rief er Iolaos zu, während die Keule wie ein Hammer auf- und niederflog. Er wusste so gut wie Iolaos: Er durfte nicht aufhören zu schlagen – sonst würde der Kopf mit dem entsetzlichen Gebiss im selben Augenblick auf ihn zuschnellen . . . »Halte nur noch ein wenig aus!«, brüllte Iolaos. »Sieben Köpfe habe ich abgeschlagen! Dies ist der letzte! Dann komme ich dir zu Hilfe!«

»Dennoch ist es vergebens!«, keuchte Herakles. »Schau dorthin!« Da sah es auch Iolaos. Und jetzt überkam auch ihn bleiches Entsetzen. Einer nach dem anderen richteten sich die hinabgesunkenen Hälse auf und aus ihrem Innern schoben sich langsam, ganz langsam neue Köpfe hervor ... so wie den Echsen der Schwanz wieder wuchs, wenn er abgeschlagen war. Iolaos ächzte vor Verzweiflung. Sollte das immerfort so weitergehen? Aber es durfte nicht so weitergehen, sonst waren sie wirklich verloren!

»Lauf zu den Pferden und flieh!«, rief ihn Herakles wieder an. »Kümmere dich nicht um mich! Ich werde mein Schicksal erleiden!«

Iolaos fuhr herum. Wilder Schmerz packte ihn. Nein, Herakles durfte nicht sterben! Er wusste genau: Sein geliebter Held würde den Kampf nicht aufgeben, solange seine

Hände die Keule zu halten vermochten – und so lange, bis er, Iolaos, in Sicherheit war. Aber er würde nicht fliehen! Es musste doch einen Ausweg geben! Und plötzlich fuhr ihm wie der Blitz ein Gedanke durch den Kopf. Er warf das Schwert fort und griff nach dem ledernen Beutel, der ihm am Gürtel hing. Darin befanden sich zwei weißliche Steine, kostbare Feuersteine, die man hütete wie seinen Augapfel. Iolaos sprang zu dem dürren Gesträuch hinüber, raffte im Laufen ein paar Hände voll trockenes Gras und Reisig an sich und warf es unter die Büsche. Dann kauerte er sich nieder und begann, Feuer zu schlagen, schnell und gleichmäßig. Er verstand sich gut darauf und bald sprangen die Funken in das Gestrüpp, es knisterte da und dort – dann loderte das Reisig auf! Im Handumdrehen ergriffen die Flammen die Sträucher und die dürren Zweige. Iolaos sprang auf. Schnell – das Schwert! Er hieb einen der brennenden Äste ab und rannte zu Herakles hinüber. Was tat es, dass ihm die Flammen das Haar versengten und dass ihm die glühenden Hitze ins Gesicht schlug und jeder Atemzug wie Feuer in seinem Innern brannte?

Mit einem Blick sah er, dass die Hydra alle ihre Köpfe wieder hatte, und das erfüllte ihn mit einer jähen fürchterlichen Wut.

Auch schien ihm, dass Herakles jetzt sehr müde war. Seine Schläge wurden schwächer und langsamer. Ja, es war wohl höchste Zeit . . . Mit einem Wutschrei stieß er den brennenden Ast in den ersten geifernden Rachen, der auf ihn losfuhr. Und dann – oh Wunder! – ein Zischen, eine kleine Dampfwolke, die gräulich roch – Iolaos sah mit Staunen, wie der Kopf langsam zusammenschrumpfte zu einem schwärzlichen knöchernen Gebilde, das jetzt, den Rachen immer noch drohend aufgerissen, leblos hinabsank. Iolaos schrie vor Freude und Überraschung laut auf. Danach ging alles sehr schnell. Ein Kopf nach dem anderen schrumpfte in dem stinkenden Rauch ein, die Hälse hingen kraftlos zu Boden, und obgleich sie Iolaos voll Misstrauen beobachteten – sie erhoben sich nicht wieder.

Feuer ist das Herrlichste und Mächtigste, das die Sterblichen besitzen, dachte er und warf den Ast fort, der ihm die Hand verbrannte, und holte einen anderen. Denn da war immer noch der letzte Kopf, der unverwundbare, unsterbliche.

»Ich will doch sehen, ob er auch dem Feuer widersteht!«, rief Iolaos. »Geh zur Seite, Herakles!«

Ein Sprung – er stieß den Ast wie ein Fackel weit hinein in den aufgesperrten Rachen.

Aber – oh Götter! Der Kopf war eben nicht wie die anderen: Die steinernen Augen unter den faltigen Lidern glühten nur einen Augenblick auf – dann erlosch der brennende Ast und das Ungetüm spie die verkohlten Stücke aus.

Iolaos sprang zurück. Aber hinter ihm lag ein Stein. Er konnte ihn nicht sehen. Ja, nun war es wohl aus mit ihm, zuckte es ihm durch den Kopf, während er rücklings niederstürzte. Die Hydra zog auf eine merkwürdige Weise den Hals ein, als sammle sie Kraft, um sich auf ihren Feind zu stürzen. Einen Augenblick verharrte sie regungslos – dann stieß der aufgerissene Rachen herab. Iolaos vermochte nicht schnell genug aufzuspringen.

Aber in diesem einen Augenblick hatte Herakles das Schwert aufgerafft, das neben ihm lag.

Er schwang es mit beiden Händen in die Höhe, ohne viel Hoffnung zwar, dass es ihm und Iolaos noch helfen könnte. Aber solange man etwas tun konnte, ergab man sich nicht, und wenn es das Letzte war, was einem zu tun blieb!

Er traf die Hydra dicht hinter dem Kopf in den Hals – ein grässlicher Laut kam aus dem Rachen – und dann sprang der Kopf, wie von einer riesigen Schleuder geschnellt, durch die Luft und fiel ein wenig entfernt auf die Erde. Herakles betrachtete ihn sehr verblüfft. »Er ist also doch nicht unsterblich!«, stieß er hervor. Iolaos war blitzschnell aufgesprungen. »Du irrst dich!«, sagte er. »Siehst du?«

Mit stockendem Atem sahen sie, wie der abgeschlagene Kopf sich in Bewegung setzte, den Rachen auf- und zuklappte und auf sie zukroch, während die Augen vor Wut wie Kohlen glühten. Es sah so grausig aus, dass ihnen das Mark in den Knochen gefrieren wollte.

»Siehst du?«, wiederholte Iolaos. Seine Stimme klang heiser. »Man kann ihn nicht töten, diesen Kopf! Darum war deine Keule nutzlos. Dennoch musstest du immerfort auf ihn losschlagen, sonst hätte er dir den Garaus gemacht. Und ich konnte dir nicht helfen, weil ich uns mit dem Schwert die anderen Köpfe vom Leib halten musste.«

Sie sahen einander an. Jeder wusste, was der andere dachte. »Du hast mir das Leben gerettet!«, sagten sie dann beide genau im selben Augenblick. Und über ihre müden schmutzigen Gesichter zog der Schein eines Lächelns.

Herakles starrte nachdenklich den Schädel an, der immer näher kam. »Was tun wir mit dem grässlichen Ding?«, sagte er. »Schaden kann es uns wohl nicht mehr. Aber auf irgendeine Weise müssen wir es aus dem Wege räumen, da wir es nun einmal nicht töten können!«

Sein Blick fiel auf einen großen Felsblock, der mitten auf der Lichtung tief in der Erde steckte.

»Komm!«, sagte er. »Wir heben den Felsblock heraus! Darunter muss eine Grube sein.«

Sie gingen zu dem Stein hinüber und sogleich kroch auch der Schädel hinter ihnen her. Herakles blickte sich wütend um. »Sieh dir diese Ausgeburt des Tartaros an! Aber wenigstens geht sie uns selber in die Falle!«

Nicht ohne Mühe hoben sie den Stein aus der Erde, und als der Schädel nahe genug war und schon augenrollend nach ihnen schnappte, stieß ihn Herakles mit der Keule hinein und sie wälzten den Felsen darüber.

Als sie sich nach dem Schlangenleib umblickten, sahen sie, dass er schon fast im Teich versunken war. Nur der Hals in der Mitte ragte noch aus dem Wasser und schwärzliches Blut floss auf die Erde am Ufer herab. Da lief Herakles hinüber und tauchte seine Pfeile in das giftige Blut. Vielleicht konnten ihm die vergifteten Geschosse einmal im Kampf gegen irgendein Ungeheuer das Leben retten! Aber der Tag war nicht mehr fern, an dem er bitter bereuen sollte, was er da getan hatte. –

Danach saßen sie eine Weile nur so da, redeten nicht viel und freuten sich, dass sie am Leben geblieben waren. Später ging Iolaos zu den Pferden hinüber, die noch immer sehr unruhig waren, weil ihnen die schreckliche, fremde Witterung der Hydra Angst einjagte und auch weil sie sich vor dem Feuer fürchteten, das jetzt allmählich in sich zusammensank. Iolaos nahm einen großen ledernen Sack vom Wagen. »Ich sammle die Köpfe ein!«, rief er Herakles zu. »Dein Vetter Eurystheus will sie gewiss sehen!« Er war so jung, dass er schon wieder lachen konnte, trotz allem, was sie ausgestanden hatten.

Es begann zu dämmern, während sie zurückfuhren nach Mykene, und als sie die Stadt erreichten, war es vollends dunkel geworden. Sie übernachteten in einer Herberge und früh am Morgen machten sie sich auf den Weg zur Königsburg. Iolaos trug den Sack über der Schulter.

Die Wächter am Burgtor erschraken nicht wenig bei ihrem Anblick: Denn sie hatten strengen Befehl, Herakles nie wieder einzulassen. Aber was war so ein Befehl nütze, wenn der gewaltige Mann, den man noch dazu insgeheim bewunderte, einen einfach zur Seite schob und unbekümmert durchs Tor ging? Immerhin war die Tracht Prügel, die man nachher bekam, noch besser als ein paar gebrochene Knochen, die man vielleicht zu beklagen hatte, wenn Herakles in Zorn geriet.

So wanderten die beiden alsbald ungehindert durch die Gänge der Burg zum Schlafgemach des Königs. Da stand, wie stets zu dieser Stunde, der Oberkämmerer und Leibwächter an der Tür und wartete, bis sein Herr erwachen und seiner Dienste bedürfen würde. Nur ein leiser Seufzer entfuhr ihm, als er Herakles erblickte. Er war ja keineswegs überrascht, denn er hatte nie daran gezweifelt, dass Herakles auch dieses neue Abenteuer siegreich bestehen werde.

»Sei gegrüßt, Herr«, sagte er also, in sein Schicksal ergeben, aber er dachte doch an die Befehle, die er erhalten hatte. »Du bist gekommen den König zu sehen. Aber du kannst ihn nicht sehen, denn er ist sehr –«

»Ich weiß, dass mein Vetter krank ist, Dickwanst«, unterbrach ihn Herakles lachend, »und es gelüstet mich auch nicht im Geringsten, ihn zu sehen. Aber ich habe ihm nun einmal versprochen, ihm die Köpfe der Hydra zu Füßen zu legen, und das werde ich jetzt tun.« Ganz behutsam fasste seine große Hand nach dem Rock des Kämmerers, hob ihn ein wenig zur Seite und stellte ihn wieder auf den Boden.

Er winkte Iolaos, ihm zu folgen, und öffnete die Tür.

Eurystheus schlief, sein Mund stand offen und er schnarchte. »Wach auf, Vetter!«, sagte Herakles vergnügt. Eurystheus fuhr augenblicklich in die Höhe. Diese Stimme hätte ihn selbst aus dem tiefsten Schlaf gerissen! Wut und Enttäuschung packten ihn. Also nicht einmal die Hydra vermochte ihn von diesem Verwandten zu befreien, vor dem er immer Angst haben und den er immer beneiden würde!

Ja, da saß er nun und starrte aus verschwommenen Augen zu den ungebetenen Gästen hinauf, das Haar hing ihm ins Gesicht, seine dürren Beine baumelten über dem Boden und er wusste, dass er keineswegs königlich aussah. Das machte ihn noch wütender. »Du bist es also wieder?«, knurrte er, weil doch etwas gesagt werden musste. »Habe ich dir nicht verboten, je wieder vor meinem Angesicht zu erscheinen?«

Herakles nickte gleichmütig. »Ja, das hast du und ich werde auch sogleich wieder gehen. Erlaube mir nur, dir die Köpfe der Hydra zu Füßen zu legen, wie ich es versprochen habe!«

Iolaos hatte schon den Sack von der Schulter genommen und schüttelte seinen Inhalt auf den Boden, dicht vor das Lager des Königs.

Mit einem unterdrückten Schrei zog Eurystheus die Füße

in die Höhe, als die scheußlichen Köpfe über seine Zehen kollerten. »Sie beißen nicht mehr, edler Herr«, sagte Iolaos und gab sich alle Mühe, ein ernstes Gesicht zu machen.

»Und es sind leider nur acht«, fuhr Herakles ebenso ernst fort. »Den neunten, den unsterblichen, kannst du dir draußen bei den Sümpfen holen, wenn es dich danach gelüstet. Wir haben ihn zwar unter einem großen Stein begraben; aber, da er ja unsterblich ist, wirst du ihn gewiss lebend antreffen. Gib aber gut acht auf dich, denn der Schädel ist recht behände und sein Gebiss schnappt zu, ehe du dich's versiehst. Du hättest dich nicht wenig gewundert, wie Iolaos und ich springen mussten, um ihm zu entrinnen. Wie ich dich kenne, glaube ich allerdings nicht, dass du jemals dem Sumpf von Lerna nahe kommen wirst«, fügte er so treuherzig hinzu, dass Iolaos ein Lachen entfuhr.

Eurystheus warf ihm einen giftigen Blick zu.

»Aber nun sage mir nur noch, was ich als Nächstes für dich tun muss«, fuhr Herakles fort. »Ich will die zwölf Arbeiten so schnell wie möglich hinter mich bringen!«

Ja, nun war guter Rat teuer! Denn Eurystheus hatte so gewiss geglaubt, die Hydra würde Herakles töten, dass er gar nicht über eine neue Aufgabe nachgedacht hatte!

Aber zum Glück fiel ihm in diesem Augenblick etwas ein, das vor einigen Tagen die Jäger erzählt hatten. In der Landschaft Arkadien, wo der Fluss Kerynites fließt, trieb eine Hirschkuh ihr Unwesen. Sie war ein wunderschönes Tier, aber keineswegs sanft und ohne Arglist wie andere ihrer Art. Nein, sie war wild und heimtückisch, verfolgte die wehrlosen Tiere des Waldes, Schafe, Ziegen und Kälber auf der Weide und griff selbst die Menschen an.

Aber es hatte noch eine besondere Bewandtnis mit ihr. Jedermann wusste, dass sie der Göttin Artemis gehörte, die sie mehr liebte als alle anderen Tiere. Darum hatte sie das Tier mit einem mörderischen Geweih ausgestattet, wie es sonst keine Hirschkuh besaß. Es bestand aus purem Gold und die Spitzen waren scharf wie Dolche. Auch hatte die Hirschkuh eherne Hufe, die eine furchtbare Waffe bedeuteten. Denn niemand, weder Mensch noch Tier, sollte ihre schöne Hirschkuh fangen oder töten, hatte Artemis geschworen.

Eurystheus atmete erleichtert auf, als ihm das alles in den Sinn kam. Ja, so musste es gehen. Wenn das Tier Herakles nicht aufspießte und seine ehernen Hufe ihm nicht die Eingeweide zerfetzten, dann würden die Pfeile der zornigen Göttin ihn töten! Denn niemand entging ihrer Rache! Auch der verhasste Vetter würde ihr nicht entgehen.

Seine Augen blinzelten tückisch, als er sich wieder Herakles zuwandte. »Bringe mir die kerynitische Hirschkuh tot oder lebendig hierher! Sie tut meinen Herden in Arkadien viel Schaden und versetzt die Menschen dort in Angst und Schrecken. Du lässt dich doch gerne als Helden und Wohltäter preisen! Hast du die Hydra und den Löwen erlegt, so ist es doch ein Leichtes für dich, eine sanfte Hirschkuh zu fangen oder zu töten! Allerdings«, fügte er tückisch hinzu, »man sagt, die Göttin Artemis habe einen Eid geschworen, fürchterliche Rache zu nehmen an jedem, der es wagt, dem Tier etwas zuleide zu tun. Doch da du bei den Unsterblichen in so hoher Gunst stehst, braucht dich das ja wenig zu kümmern! Also bringe mir die Hirschkuh. Ich werde dann mit meinen Freunden ein großes Gastmahl halten und meine Köche sollen sie mit aller Kunst für uns braten!«

Herakles warf ihm einen verächtlichen Blick zu. »Du führst gewaltige Reden, aber du siehst aus wie ein kleiner Knabe, der sich fürchtet! Ich bin nur neugierig, was du wirklich mit dem Tier tun wirst, wenn ich es gefangen und hierher gebracht habe. Denn eines will ich dir sagen: Ich werde die Hirschkuh nicht töten, sondern sie lebend zu dir bringen. Dann brauchst du gewiss nicht lange zu warten, bis die Göttin Artemis sich um sie kümmern wird!« Eurystheus riss den Mund auf, als schnappe er nach Luft. Sein Gesicht war grau. Es schien, als wollte er etwas sagen; aber Herakles hatte ihm schon den Rücken gekehrt und ging mit Iolaos aus dem Saal.

Die Hirschkuh der Artemis

Seit vielen Tagen wanderte Herakles durch die Wälder von Arkadien, ohne dass er die kerynitische Hirschkuh fand. Zuweilen lag irgendwo ein Reh mit aufgerissenen Flanken oder ein Lamm, das die Hufe des schrecklichen Tieres zerstampft hatten. Die Hirschkuh aber blieb verschwunden, als hätte sie die Erde verschlungen.

Manchmal traf er Jäger oder Hirten, die schworen, sie hätten gesehen, wie sie des Nachts mit rasender Schnelligkeit über die Weiden sprengte, und ihre wilden Schreie gehört, die fast wie ein heiseres Gebell klangen. Am Morgen liege dann stets ein totes Tier irgendwo im Gras.

»Auch einen Hirten hat sie getötet!«, erzählten die Männer. »Er war sehr jung, fast noch ein Knabe. Er wollte uns nicht glauben, als wir ihn warnten, und lachte nur. Eines Tages nahm er einen Spieß und lief fort in den Wald, in dem sie damals hauste. Wir haben ihn nie wiedergesehen. Nur seinen Spieß und seinen zerfetzten Kittel brachte später irgendjemand. Wir haben der Göttin Artemis schon viele Opfer dargebracht, damit sie diese Plage von uns nehmen möge! Aber sie hat uns nicht erhört und das Untier erscheint immer wieder, gerade dann, wenn man sich sicher wähnt und hofft, es sei aus der Gegend fortgezogen.« Diese Reden gefielen Herakles ganz und gar nicht. Wer weiß, vielleicht war die Hirschkuh, während er sie hier suchte, längst weit fort und er würde sie nie finden. Wie aber sollte er dann Eurystheus unter die Augen treten? Der Vetter würde ihn verspotten und ihn der Feigheit verdächtigen – und das durfte nicht geschehen!

Missmutig wanderte er zwischen Felsblöcken und Gestrüpp am Rande eines schütteren Waldes entlang, in dem die letzten Sonnenstrahlen wie goldene Pfeile durch die Zweige drangen. Wind war aufgekommen und ein Rascheln fuhr durch das Gewirr der Blätter.

Plötzlich horchte Herakles auf. Irgendwoher kam noch ein anderes Geräusch, ein leises Dröhnen, wie ferner Donner. Aber der Himmel war blau und die Sonne versank gerade hinter den Bergen, die jenseits des Waldes aufstiegen. Jetzt war es wieder still. Er musste sich wohl getäuscht haben.

Ich werde noch bis an den Fuß des Berges gehen, dachte er. Vielleicht finde ich dort eine Höhle oder eine Felsspalte, in der ich schlafen kann.

Aber plötzlich blieb er mit einem Ruck stehen. Etwas wie ein greller Blitz hatte seine Augen getroffen und war sogleich wieder verschwunden. Er runzelte die Stirn. Seine Augen brannten. Vielleicht war es die Müdigkeit . . . Er war sehr lange gewandert an diesem heißen Tag.

Aber – da war das Blitzen wieder – und dann dröhnte es abermals wie Donner. Nein, es schien ihm plötzlich, als zitterte die Erde unter ihm!

Wieder wurde es still. Er ging weiter durch den Wald, sorgsam nach allen Seiten spähend, die Keule fest in der Faust, Bogen und Köcher griffbereit.

Es war nur ein schmaler Waldstreifen, den er bald durchquert hatte, und jetzt lag eine Wiese vor ihm, mit Steinblöcken übersät, die vor Zeiten von den Bergen herabgestürzt waren. Gar nicht weit entfernt stiegen die Felswände vor ihm auf und darauf ging Herakles zu.

Nichts Lebendes war ringsum zu erblicken. Noch hatten die nächtlichen Raubtiere ihre Schlupfwinkel nicht verlassen und so gab es wohl keine Gefahr für ihn.

Aber im nächsten Augenblick wusste Herakles, dass er sich geirrt hatte. Er befand sich vielleicht noch zehn Schritte vor einer niedrigen Felskuppe, als abermals das Blitzen seine Augen traf. Es kam aus der Höhe herab. Hastig hob er den Kopf. Er sah die Hirschkuh oben auf dem Felsen stehen mit ihrem goldenen Geweih und ihren riesigen Augen, die vor Wut schillerten. Ein Laut wie ein heiseres Bellen kam aus ihrer Kehle – dann sprang sie. Sie sprang mit einer solchen Kraft und Anmut, dass Herakles vor Bewunderung aufschrie. Bei den Göttern, was war sie für ein herrliches Tier!

Aber zugleich warf er sich auch schon blitzschnell zwischen zwei Felsblöcken nieder, mit dem Gesicht zur Erde: Er fühlte, wie der Boden unter ihm erzitterte, als die ehernen Hufe neben ihm aufprallten.

Sie hätten ihn zermalmt, so sicher war sie dahin gesprungen, wo er zuvor stand.

Wieder drang der wütende Laut aus ihrer Kehle – im nächsten Augenblick war sie fort. Ja, so meinte er und wollte schon aufatmen.

Aber sie tat nur ein paar Sprünge – dann warf sie sich herum. Sie hatte nur einen Anlauf genommen, um sich auf ihn zu stürzen, begriff Herakles und schnellte in die Höhe. Da war sie schon dicht vor ihm, den Kopf gesenkt . . . das goldene Geweih mit den zwei mörderischen Spitzen . . . Er packte diese tödlichen goldenen Spitzen mit beiden Händen . . . einen winzigen Augenblick, ehe sie sich in seine Brust bohren konnten.

Die Hirschkuh erstarrte mitten im Sprung, als wäre sie gegen ein unsichtbares Hindernis geprallt.

Herakles fühlte mit einer wilden Freude, wie sie sich vergebens mit aller Gewalt gegen ihn stemmte, wie sich die ehernen Hufe tief in den Boden bohrten. Aber er war stärker als sie! »Vater Zeus, ich danke dir, dass du mir solche Kraft verliehen hast!«, sagte er laut. Er holte tief Atem, sein ganzer Leib spannte sich. Arme, Schultern und Rücken – die Hände – und dann bogen seine Finger langsam, aber unwiderstehlich das goldene Geweih nach unten, bis die tödlichen Spitzen sich zu einem Kreis rundeten. Nein, sie waren nun keine mörderische Waffe mehr – und es sah so wunderlich aus, dass er lachen musste.

Die Hirschkuh keuchte und ein fast menschliches Ächzen drang aus ihrer Brust. Allmählich begann sich ihr Kopf nach der Seite zu drehen, in ihren weit aufgerissenen Augen stand jetzt Entsetzen: Sie hatte begriffen, dass sie gegen diesen Feind machtlos war.

Herakles merkte, dass ihr Widerstand schwächer wurde. Wenn ich ihren Kopf nur noch um eine Handbreite weiter seitwärts drehe, dann breche ich ihr das Genick: Aber ich will sie nicht töten, dachte er und lockerte behutsam seinen Griff. Vielleicht würde sie ihn sogleich wieder angreifen . . .

Aber die Hirschkuh war am Ende ihrer Kräfte. Ihre Vorderläufe knickten ein – sie sank zur Seite und blieb liegen. Herakles kniete nieder, wickelte das Seil ab, das er über Brust und Schultern trug, und band sorgfältig zuerst die Vorderläufe, dann die Hinterläufe zusammen. Aber er achtete gut darauf, dem Tier keine Schmerzen zuzufügen.

Es wehrte sich nicht mehr, es schien, als hätte es eingesehen, dass es nutzlos gewesen wäre.

Zufrieden richtete sich Herakles auf. Aber in diesem Augenblick vernahm er ein leises Zischen und gleich darauf durchzuckte ein scharfer Schmerz sein rechtes Ohr. »He, was ist das?«, stieß er hervor und seine Hand fuhr an das schmerzende Ohr. Als er sie zurückzog, sah er, dass sie blutig war. Während er sie noch verdutzt anstarrte, hörte er zum zweiten Mal das seltsame Geräusch – etwas streifte seine Wange und biss sich schmerzhaft am linken Ohr fest. Als er mit einem zornigen Schrei danach griff, hielt er einen dünnen kühlen Stab in der Hand . . . Es tat ein wenig weh, als er ihn aus dem Ohr riss – und es war ein zierlicher silberner Pfeil!

Herakles seufzte bekümmert: Er wusste sogleich, was das bedeutete: »Ich hätte mich auch sehr gewundert, wenn Artemis ihr Lieblingstier im Stich gelassen hätte!«, murmelte er und wartete. Ja, da begann es schon: »Warum hast du meine Hirschkuh gefangen?«, rief eine helle zornige Stimme. »Meine Pfeile haben dich gewarnt! Wenn ich es gewollt hätte, lägest du jetzt tot auf dem Rasen. Binde die Hirschkuh augenblicklich los oder du wirst es bereuen!«

Natürlich war weitum niemand zu sehen: Aber er hatte es auch gar nicht anders erwartet. »Ach, erhabene Göttin«, sagte er kläglich, »verlange das nicht von mir! Wie sollte ich denn sonst den Ratschluss der Unsterblichen erfüllen, die mir befohlen haben, zwölf Taten für meinen Vetter Eurystheus zu verrichten! Willst du, dass mir die anderen Götter zürnen und dass mein armseliger Verwandter über mich lacht? Ich schwöre dir, dem Tier soll kein Haar gekrümmt werden!«

Einen Augenblick blieb es still. »Du hast recht!«, sagte die Stimme wieder. »Ich hatte vergessen, dass du auf Befehl der Götter handelst! Bringe die Hirschkuh also nach Burg Tiryns, damit du deine Pflicht getan hast. Sie wird nicht lange dortbleiben, meine ich.« Es klang wie ein Lachen in der hellen Stimme, als sie fortfuhr: »Ich kenne Eurystheus! Er wird aus Angst vor meiner Rache alles tun, um sie schleunigst wieder loszuwerden!« Herakles wartete noch eine kleine Weile, aber die Stimme kam nicht wieder.

Da lud er sich die Hirschkuh auf die Schultern, nahm seine Keule und machte sich auf den Weg zur Burg Tiryns, wo Eurystheus zu dieser Zeit Hof hielt. –

Er musste viele Tage wandern, über Berg und Tal, auch manchmal durch einen Fluss waten oder über eine Schlucht springen, was ihm freilich wenig ausmachte. Von Zeit zu Zeit rastete er, suchte die saftigsten Kräuter für die Hirschkuh und ließ sie an einem Bach trinken.

Endlich, eines Abends, kam er ans Tor der Königsburg. Während er wartete, dass der Wärter ihm öffne, bog ein kleiner Reitertrupp um die Mauer und ritt ebenfalls auf das Tor zu, an seiner Spitze Eurystheus.

Er riss sein Pferd zurück, sodass es sich auf die Hinterhufe setzte, und starrte Herakles und die Hirschkuh an, als wären sie gerade vor seinen Augen dem Hades entstiegen.

Oh, ihr Götter, was sollte er nun tun? Er empfand eine fast unbezwingliche Lust zu schreien: »Scher dich fort samt dem verwünschten Tier! Ich will nichts damit zu schaffen haben !« Aber wie konnte er das? Seine Freunde, die schon neugierig die Hälse reckten, würden nicht wenig spotten! Und außerdem hatte er Herakles ja selbst befohlen, ihm die Hirschkuh zu bringen! Was für ein Narr war er doch gewesen zu vergessen, dass die Rache der Göttin Artemis auch ihn treffen würde! Aber was half jetzt alle Reue! Er musste etwas tun, um sich zu retten! Aber was? Hastig dachte er nach. Fürs Erste musste diese schreckliche Hirschkuh unschädlich gemacht werden! Sie etwa zu töten – nein, wenn er nur daran dachte, was die zornige Göttin dann mit ihm beginnen würde, brach ihm der Angstschweiß aus.

Plötzlich fiel ihm etwas ein. Der Bärenzwinger! Er war zu dieser Zeit leer und er hatte einen hohen starken Zaun und ein festes Tor. Darin wäre das Untier für den Augenblick sicher aufgehoben. Und danach musste sie fort – so schnell wie möglich! Wie er das anstellen wollte, darüber konnte er sich jetzt nicht den Kopf zerbrechen! Kommt Zeit, kommt Rat!, dachte er und gab sich Mühe, ein wenig königlicher auszusehen.

»Du hast sie also gefangen, Vetter!«, sagte er mürrisch. »Nun, es war ja gewiss kein Kunststück für dich!«

»Nein«, antwortete Herakles grimmig, »sie hätte mich nur um ein Haar aufgespießt und die erhabene Göttin Artemis hat mir in jedes Ohr ein kleines Loch geschossen!«

Eurystheus zuckte zusammen. Er war sehr bleich geworden. »Bring das Tier in den Bärenzwinger!«, befahl er hastig. »Aber hüte dich ja, ihm die Fesseln abzunehmen, und sorge dafür, dass die Knechte das Tor gut verschließen!«

Herakles schüttelte den Kopf. »Mach dir keine Hoffnungen! Ich werde die Hirschkuh freilassen, sobald sie im Zwinger ist! Und ich rate dir, komm ihr nicht zu nahe: Denn sie ist sehr wütend, und wenn ich auch ihr spitzes Geweih unschädlich gemacht habe, so können dich doch ihre Hufe immer noch zu Brei zerstampfen!« Eurystheus gab keine Antwort, und weil die Wächter inzwischen das Tor geöffnet hatten, wollte er eilig sein Pferd an Herakles vorbeidrängen.

Aber Herakles vertrat ihm den Weg. »Warte noch!«, sagte er freundlich. »Du hast vergessen, mir zu sagen, was ich als Nächstes für dich tun muss!«

Eurystheus stieß eine Verwünschung hervor. Beim Hades, er hätte gerne auf alle Befehle verzichtet, wenn er nur endlich diesen Verwandten los gewesen wäre, der ihm nichts als Ärger und Gefahren einbrachte! Da stand er, stolz und unbekümmert, mit dieser riesigen Hirschkuh auf den Schultern, als wäre sie ein junges Reh. Und es sah ganz und gar nicht so aus, als könnte eines seiner Abenteuer jemals übel für ihn ausgehen.

Zwar hatte sich Eurystheus schon eine neue Aufgabe ausgedacht; aber auch sie verhieß nicht viel Erfolg, meinte er missmutig bei sich. Herakles sollte den Eber fangen, der auf dem Berge Erymanthos sein Unwesen trieb. Er war zweimal so groß wie andere Artgenossen und entsetzlich wild, erzählte jedermann. Und schon viele Jäger, die gegen ihn ausgezogen waren, hatten es mit dem Leben bezahlt. Aber Herakles war eben kein gewöhnlicher Jäger und dem Eber würde es gewiss nicht gelingen, ihn zu töten, da es selbst der Hydra nicht gelungen war.

Doch eine Hoffnung gab es! Wenn schon kein Ungeheuer dem verhassten Vetter den Garaus zu machen vermochte – vielleicht vermochten es die Zentauren.

Diese wilden Zwitterwesen, halb Mann, halb Pferd, bewohnten die Landschaft am Fuß des Erymanthos. Wer den Eber jagen wollte, der musste mitten durch ihr Gebiet hindurch! Wer weiß . . . Als Eurystheus mit seinen Gedanken so weit gekommen war, wandte er sich Herakles zu. »Du hast gewiss von dem riesigen Eber gehört, der das Land um den Erymanthos unsicher macht«, sagte er. »Es ist höchste Zeit, dass ihn jemand erlegt. Also mache dich auf und bringe ihn hierher. Dir wird es ja nicht viel Mühe bereiten und für mich wird es vergnüglich sein, ihn in den Zwinger zu sperren, da er meine besten Jäger getötet hat.« Herakles nickte gleichmütig. »Du sollst den Eber haben!« Er ging mit seinen langen Schritten über den Hof nach hinten, wo die Zwinger für die wilden Tiere an der Mauer lagen. Ein paar Knechte folgten ihm, während Eurystheus mit seinen Gefährten in ziemlicher Eile zur anderen Seite verschwand; sie wussten alle, was es mit der Hirschkuh für eine Bewandtnis hatte.

Diensteifrig öffneten die Knechte das schwere Tor zum Bärenzwinger.

Herakles blickte sich um. »Holt frisches Gras und füllt den Trog mit Wasser!«, befahl er, während er behutsam die Hirschkuh von den Schultern herabhob und sie auf die Erde legte. Augenblicklich schnellte ihr Kopf in die Höhe, der Rücken krümmte sich wie ein gespannter Bogen, als sie aufzuspringen versuchte. Aber es gelang ihr nicht, so wild sie sich auch hin und her warf. Herakles zog das Messer aus dem Gürtel. Aber noch zerschnitt er ihre Fesseln nicht. Er wartete, bis die Knechte Futter und Wasser gebracht hatten. »Und jetzt macht euch schleunigst davon! Ich warne euch: Wenn euch euer Leben lieb ist, öffnet ja nicht das Tor, wenn ich fort bin. Sie würde euch im Handumdrehen zum Hades hinabbefördern!« Sie ließen sich das nicht zweimal sagen.

Herakles war sehr auf der Hut, als er sich zu der Hirschkuh niederbeugte und die Stricke durchschnitt.

Sie stand fast im selben Augenblick auf. Aber sie schwankte und die Beine wollten sie nicht tragen. Sie schnaubte zornig und starrte ihn an, die Augen rot vor Wut.

Sie wird sich sehr schnell wieder erholen, dachte er und begann, langsam rücklings zum Tor zu gehen, während er sie aufmerksam beobachtete.

Sie sprang mit einem heiseren Schrei los, gerade als er durchs Tor schlüpfte und den schweren Riegel vorschob. Hinter ihm trommelten die ehernen Hufe gegen die Bretter. Herakles ging über den Hof, der jetzt fast dunkel und verlassen dalag, er nahm seine Keule, die neben dem Tor lehnte, und wanderte fort in die Nacht hinaus. –

Eurystheus sah ihn gehen. Er kauerte auf dem Dach, von dem er in den Bärenzwinger hinabblicken konnte.

Mit Grausen hörte er das Hufgetrommel und sah die Hirschkuh wie einen schwarzen Schatten in ihrem Gefängnis hin und her rasen.

»Sie muss fort, augenblicklich . . ,«, stöhnte er und vermeinte schon, das Zischen des Pfeiles zu hören, mit dem die zornige Göttin sich an ihm rächen würde, weil er ihre Hirschkuh gefangen hielt! Nach einer Weile raffte er sich auf und klatschte in die Hände. Gleich darauf erschien der Kopf des Leibwächters in der Luke, die auf das Dach führte.

»Was befiehlst du, Herr?«, fragte er sehr beunruhigt. Er

kannte seinen Gebieter genau und eine sehr böse Ahnung hatte ihn überkommen. Diese Ahnungen trogen ihn nie – auch diesmal nicht.

»Du wirst jetzt sogleich hinuntergehen und die Hirschkuh freilassen!«, sagte Eurystheus. »Es ist nicht besonders gefährlich für dich«, fügte er heuchlerisch hinzu, »denn sie kann dich ja nicht aufspießen, da Herakles die Spitzen ihres Geweihes ganz rund gebogen hat! Ich habe es selbst gesehen! Also geh jetzt und befiehl dem Wächter, das Burgtor weit zu öffnen, damit sie ungehindert fortlaufen kann!«

»Ja, Herr!«, sagte der Kämmerer, in sein Schicksal ergeben. Er war nicht einmal erschrocken, denn genau das hatte er vorausgesehen. Außerdem war ihm im Dienst des Königs schon so viel Arges zugestoßen, dass er es verlernt hatte, sich über etwas zu wundern. Und wenn die Götter seinen Tod unter den Hufen einer wilden Hirschkuh beschlossen hatten – was konnte er dagegen tun?

So stieg er langsam hinab in den Hof, gebot dem Wächter, das große Tor zu öffnen, und begab sich zum Bärenzwinger. Am Zaun blieb er stehen und blickte hinein. Die Hirschkuh sah ihn im selben Augenblick und raste mit einem wütenden Schnauben auf ihn zu. Der Zaun krachte, als sie dagegenprallte, aber er brach nicht. Sie stand drinnen, ganz nahe vor ihm, und starrte aus glühenden Augen zu ihm heraus.

»Wir wollen es schnell tun, da es nun einmal sein muss«, sagte er undeutlich, weil ihm die Zähne klapperten. Er schob den Riegel zurück. Es blieb ihm keine Zeit mehr, zur Seite zu springen. Das Tor knallte ihm schmerzhaft gegen Kopf und

Bauch, als die Hirschkuh es blitzschnell aufstieß. Er fiel auf den Rücken und schloss die Augen.

Die ehernen Hufe streiften ihn nicht einmal, als sie über ihn hinwegsetzte, als sei er überhaupt nicht da. Sie jagte über den Hof, kümmerte sich nicht im Geringsten um das offene Tor – nein, sie nahm nur einen kurzen Anlauf, sprang über die Mauer und verschwand mit trommelnden Hufen in der Nacht. Und der Kämmerer merkte erst nach einer Weile, als ihn der ärgste Schrecken verlassen hatte, fast ungläubig, dass er noch am Leben war.

Aber auch Eurystheus wunderte sich. Und nachdem er eine Weile in Angst gelebt hatte, begann er zu hoffen, dass die Göttin Artemis auf ihre Rache verzichtete. Er opferte ihr ein schwarzes und ein weißes Lamm, und während er von den Eingeweiden kostete, überlegte er missmutig, was für einen neuen Auftrag er Herakles geben sollte, wenn ihn auch die Zentauren nicht zu besiegen vermochten.

Der Erymanthische Eber

Herakles war schon lange gewandert. Rings um ihn war jetzt unwegsame Wildnis und er wusste nicht genau, wo er sich befand. Der Berg Erymanthos lag irgendwo weit im Norden. Es war ein sehr hoher Berg und im Winter lag Schnee auf seinem Gipfel. An den Hängen zog sich dichter Wald hin, aber weder Hirsch noch Reh wohnten darin, selbst Füchse und Wölfe mieden ihn: Denn dort hauste der riesige Wildeber, zweimal so groß wie ein Mann – so schwuren die, die ihn gesehen haben wollten – mit gewaltigen Hauern im Maul und Stacheln auf dem Rücken, so lang, hart und spitz wie Pfeile.

Herakles dachte kaum an den Eber, während er so durch die Wildnis wanderte. Ihm schien diese Jagd kein großes Abenteuer.

Etwas anderes war viel wichtiger. Wenn er sich nicht sehr irrte und wenn es wahr war, was ihm da und dort einer unterwegs erzählt hatte, dann musste er bald in das Gebiet der Zentauren kommen.

Er mochte sie nicht, diese merkwürdigen Tiermenschen, und wenn er ihnen je auf seinen Streifzügen begegnete, ging er ihnen aus dem Weg. Es missfiel ihm, wie sie auf ihren Pferdebeinen so wunderlich einherhüpften, wie sie das rohe Fleisch mit den Zähnen von den Knochen rissen, wie sie heimtückisch aus dem Dickicht hervor oder von Felsen herab Steine schleuderten. Ihre Gesichter konnte man kaum erkennen, weil Haar und Bart sie wie dichtes Gestrüpp umgaben. Dennoch waren es Menschengesichter. Nein, Herakles liebte sie nicht, diese wilden Waldbewohner! Aber einem von ihnen war er einst, vor Jahren, auf einer seiner Wanderungen begegnet und sie waren eine Weile miteinander durchs Land gezogen. Er hieß Pholos und er war anders als seine Stammesbrüder: redlich, gastfreundlich und ohne Tücke. Später war Pholos zurückgekehrt zu seinem Stamm und Herakles hatte ihn seitdem nicht wiedergesehen. Es gab nicht mehr viele Zentauren, sagte man; sie starben allmählich aus, wie alle Lebewesen, die einer längst vergangenen Zeit angehörten. Aber vielleicht ist Pholos noch da, dachte Herakles. Das wäre gut! Er weiß gewiss, wo der Eber haust, und so müsste ich nicht wieder lange nach ihm suchen wie nach der Hirschkuh. Auch könnte er wohl die anderen Zentauren freundlich gegen mich stimmen. Denn sie sind feindselig gegenüber Fremden!

Als er wieder eine Weile ohne Weg und Steg gegangen war und vergeblich umhergespäht hatte, ob der Wald nicht bald ein Ende nähme, kam er zu seiner Verwunderung an einen Pfad, der mitten durch das Dickicht führte. Nein, ein richtiger Pfad war es eigentlich nicht; eher eine Spur von vielen Füßen, aber auch das schien ihm merkwürdig . . .

Plötzlich wusste er es: Es war die Spur vieler Pferdehufe! Von diesem Augenblick an wurde Herakles sehr wachsam. Er nahm den Bogen von der Schulter und rückte den Köcher mit den Pfeilen nach vorne. Es waren jene Pfeile, die er in das Blut der Hydra getaucht hatte, und ihr Gift war tödlich, selbst wenn sie nur die Haut ritzten.

Es graute ihm selbst vor den schrecklichen kleinen Geschossen und er hatte sich geschworen, sie nur in der äußersten Not zu gebrauchen.

Langsam ging er weiter, immer der Spur nach.

Manchmal meinte er, da oder dort habe sich ein Strauch bewegt, aber wenn er dann stehen blieb, war alles wieder ruhig.

Es gab sehr viel Unterholz ringsum und die Zweige waren noch dicht belaubt, obgleich es auf den Herbst zuging. Sie umgaben ihn auf beiden Seiten wie eine grüne Mauer und er wusste nicht, was dahinter verborgen war.

Aber er sollte es schnell genug erfahren.

Irgendetwas flog plötzlich auf ihn zu und traf ihn genau an der Stirn, so hart, dass er zurücktaumelte. Und dann brach ein Hagel von Steinen los. Sie flogen von allen Seiten heran und – bei den Göttern! – sie waren nicht schlecht gezielt! Herakles zog sich flink den Löwenschädel über den Kopf, um wenigstens das Gesicht zu schützen, und spähte durch die Augenhöhlen hinaus.

Der Steinhagel hörte so plötzlich auf, wie er begonnen hatte. Aber zwischen den Büschen wurde es jetzt unheimlich lebendig. Zu beiden Seiten hüpfte und sprang es daraus hervor, Pferdeleiber mit struppigen menschlichen Köpfen, neben ihm, vor ihm, hinter ihm . . .

Herakles riss den Bogen von der Schulter. Er wusste, die Zentauren besaßen keine anderen Waffen als ihre Keulen und Steinschleudern.

Aber er musste sich wohl geirrt haben! Denn ein paar Schritte vor ihm stand einer mitten auf dem Pfad, hatte einen riesigen Bogen gespannt und zielte. Herakles sah mit einem Blick den Pfeil, der auf der Sehne lag. Er war so lang wie der Arm eines Mannes und hatte eine scharfe knöcherne Spitze.

Dieser Pfeil, von dem gewaltigen Bogen abgeschnellt, musste ihm Brust und Rücken durchbohren! Herakles biss die Zähne zusammen. Wenn er nicht schneller war als der Zentaur . . . Er riss einen Pfeil aus dem Köcher. Niemand hätte sagen können, wer zuerst schoss. Herakles fühlte einen scharfen Schmerz in der Schulter und wankte ein wenig.

Zugleich hörte er die Zentauren schreien. Er sah, wie sein Gegner langsam zusammensank, die Pferdebeine knickten ein, der Bogen entfiel ihm, der struppige Kopf sank zur Seite und dann lag er still. Seine Gefährten starrten voll Entsetzen auf ihn herab. In seiner Seite stak der helle schlanke Pfeil. Die Wunde war nicht tief und gewiss nicht tödlich – aber dennoch war der Zentaur tot. Die anderen schienen jetzt vor Schrecken stumm geworden. Und einen Augenblick später waren sie im Dickicht verschwunden.

Herakles ging langsam auf den Toten zu und beugte sich zu ihm nieder.

Er musste den vergifteten Pfeil wieder an sich nehmen, sonst würde er Unheil anrichten!

Aber er fuhr im selben Augenblick wieder in die Höhe. »Herakles!«, sagte eine Stimme. Neben dem Gefallenen stand jetzt ein anderer Zentaur. Ja, es war ein Zentaur wie alle übrigen, mit einem Pferdeleib und Pferdebeinen. Dennoch gab es da einen Unterschied. Dieses Gesicht war anders! Die Zentauren hatten niedrige Tierstirnen, über die das zottige Haar bis zu den wilden Augen herabfiel, die Wangen waren von einem struppigen Bart überwuchert. Aber dieser – seine Stirne war hoch und schön geformt, das Haar fiel ihm glatt und lang über den Nacken und die Augen blickten ruhig und freundlich.

Und plötzlich kam Herakles eine Erinnerung. »Pholos!«, rief er. »Bei den Göttern, ich habe gehofft, dich zu finden! Aber deine Brüder haben mich nicht freundlich empfangen! Und ich musste diesen da töten, sonst stände ich jetzt nicht lebend vor dir!«

Pholos nickte ernst. »Die Zentauren lieben Fremde nicht und der Tote hasste sie! Dennoch ist es schade um ihn. Er war der klügste von uns allen und hat viele neue Waffen und Werkzeuge für uns erdacht und verfertigt. Aber sie hätten uns auch nicht gerettet. Unser Stamm wird nicht mehr lange leben, denn unsere Zeit ist vorüber! Mir aber sollst du willkommen sein! Wir wollen in meine Höhle gehen und ich werde dir eine Bärenkeule braten!« Ein kleines Lächeln zog über sein Gesicht. »Ich weiß, du magst das Fleisch nicht roh essen wie wir!« –

»Wahrhaftig, ich bin froh, dich zu sehen!«, sagte Herakles eine Weile später, als sie in der Höhle beisammensaßen. »Aber warum lässt sich denn keiner deiner Brüder mehr blicken?« Pholos war damit beschäftigt, die Wunde an seiner Schulter, die der Pfeil des Zentauren aufgerissen hatte, mit Salbe zu bestreichen.

»Jetzt haben sie noch Angst vor dir«, antwortete er. »Aber später, wenn ihr Zorn die Oberhand gewinnt, ist es besser für dich, schon fort zu sein!«

Herakles lachte unbekümmert. »Deine Bärenkeule war gut, aber ich bin jetzt sehr durstig!«, sagte er. »Hast du nicht einen Becher Wein für mich?«

Pholos zögerte und sah ihn sonderbar an. »Im Innern meiner Höhle liegt ein ganzes Fass voll Wein, das der Gott Dionysos vor langer Zeit hierher brachte. ›Einmal wird Herakles kommen‹, sprach der Gott zu uns, ›dann mögt ihr dieses Fass öffnen: Aber es gehört allen Zentauren gemeinsam!‹«

»Nun bin ich also wirklich gekommen, mein guter Pholos!«, rief Herakles fröhlich. »Wir wollen keine Zeit verlieren: Ich helfe dir, das Fass herauszurollen und zu öffnen!«

»Meine Brüder werden nicht einwilligen!«, widersprach Pholos. »Sie halten nichts von Gastfreundlichkeit und du hast einen von ihnen getötet.«

Aber Herakles hörte nicht auf, ihm zuzureden, und endlich gab Pholos nach.

Sie wälzten das Fass vor die Höhle, und als sie es geöffnet hatten, verbreitete sich alsbald der starke Duft des alten Weines. Die Zentauren, die ringsum im Dickicht auf der Lauer lagen, rochen ihn sogleich. »Das ist unser Wein!«, riefen sie einander zornig zu. »Pholos hat das Fass geöffnet! Aber dieser Fremde soll ihn nicht trinken!«

Und sie sprangen aus ihren Verstecken hervor und rannten zur Höhle.

»Hei, da kommen sie!«, rief Herakles, leerte schnell den hölzernen Becher und riss einen brennenden Ast aus dem Feuer. Pholos sah ihn traurig an. »Du bist mein Gastfreund, sie aber sind meine Brüder. Ich will weder gegen dich noch gegen sie kämpfen.«

Er wandte sich ab und ging fort.

Herakles lief mit seiner Fackel den heranstürmenden Zentauren entgegen. Der starke alte Wein war ihm zu Kopfe gestiegen und es schien ihm recht vergnüglich, seine wütenden Gegner mühelos in die Flucht zu schlagen. Denn jedermann wusste, dass die seltsamen Waldleute Angst vor dem Feuer hatten, mochten sie auch sonst in ihrem Zorn gefährlich genug sein. Er verfolgte sie eine Weile kreuz und quer durch den Wald, und als sie erschrocken nach allen Seiten auseinanderstoben, kehrte er zurück zur Höhle.

Unterwegs fiel ihm ein, dass er in seiner Freude, Pholos wiederzusehen, vergessen hatte, den vergifteten Pfeil aus der Wunde des Toten zu ziehen, und er beschloss, es sogleich zu tun. Als er zur Höhle kam, war Pholos nicht da. Herakles rief seinen Namen, aber er erhielt keine Antwort. Da ging er den Pfad hinab, um ihn zu suchen. Plötzlich blieb er stehen. Dort vorne . . . ja, da lag der tote Zentaur auf der Erde wie zuvor – aber – neben ihm lag Pholos und war auch tot.

Einen Augenblick später wusste Herakles, wie es zugegangen war. Pholos hatte den Pfeil aus der Wunde gezogen. Gewiss hatte es ihn gewundert, wie das kleine Geschoss an dieser ungefährlichen Stelle seinen Bruder töten konnte.

Und dann musste ihm der Pfeil entfallen sein. Er hatte eine winzige frische Wunde am Fuß, oben, neben dem Gelenk. Eine Weile hockte Herakles neben den beiden Toten auf der Erde und rührte sich nicht. Nur einmal sagte er, als könnte ihn Pholos noch hören: »Es tut mir leid, dass du gestorben bist.« Später stand er auf und begann, mit einer hölzernen Schaufel, die er fand, eine Grube zu graben.

Er legte Pholos und den anderen Zentauren hinein und schaufelte sie wieder zu. Darauf holte er seine Waffen und wanderte fort. Er folgte dem Pfad, denn Pholos hatte ihm gesagt: »Er führt dich aus dem Wald hinaus und du wirst den Berg Erymanthos gerade vor dir sehen. Es hat heute Nacht da oben geschneit und im Schnee wirst du die Spur des Ebers finden. Aber sei auf der Hut! Seit die Herden fortgezogen sind, hungert er und ist noch bösartiger geworden. Manchmal treibt ihn der Hunger bis zu den Wiesen herab und dann hören wir nachts ein wütendes Heulen, das fast wie das Geheul des Wolfes klingt. Die Hirten haben noch ein paarmal versucht, ihre Herden wieder auf die saftigen Weiden zu bringen, aber sie mussten es aufgeben. Das Ungetüm kam jede Nacht. Es ließ kein Lamm und kein Zicklein leben und die Hirten in ihrer Hütte mussten ohnmächtig zusehen, wie es ihre schönsten Kälber zerriss. Jetzt sind Wiesen und Wald verödet. Denn auch alle anderen Tiere sind längst geflohen. Ich warne dich. Glaube ja nicht, dass du ihm entrinnen kannst, so schnell du auch laufen magst – der Eber ist ganz gewiss schneller!«

Herakles hatte nur gelacht über die Warnung. »Ich werde nicht fortlaufen, sondern ich werde ihn fangen!« Pholos hatte wahr gesprochen, merkte Herakles, als er eine Weile später aus dem Wald ins Freie kam. Vor ihm erstreckten sich saftige Wiesen am Fuß des Erymanthos, Weide für große Herden, dachte er; aber kein einziges Tier war zu sehen. Nur eine verfallene Holzhütte stand da, die wohl ehemals den Hirten als Unterkunft gedient hatte.

Darin übernachtete er und beim ersten Frühlicht war er schon wieder unterwegs.

Er stieg den flachen Hang hinauf dem Wald zu, der weiter oben die Flanken des Berges bedeckte, und als er ihn durchquert hatte, glitzerte vor ihm ein weites Schneefeld. Es war ihm schon seit einer Weile aufgefallen, dass da und dort im Wald der Boden aufgewühlt und das Gras bis auf die Wurzeln abgefressen war. Auch die Sträucher standen merkwürdig kahl da, obgleich sie anderswo um diese Jahreszeit voll von Laub und schwarzen oder roten Beeren waren.

Herakles schüttelte den Kopf. Der Eber muss toll vor Hunger sein, wenn er nichts mehr zu fressen hat als Gras und Beeren!, dachte er, während er seine Augen über die weiße Fläche wandern ließ bis hinauf zum Gipfel.

Die Schneedecke war nur dünn und der Schnee nass und weich; da und dort ragte ein dunkler Felsen oder niedriges Gestrüpp daraus hervor.

Und dann stieß Herakles einen leisen Ruf aus. Gar nicht weit entfernt von der Stelle, wo er selbst aus dem Walde getreten war, führte eine zweite Spur ins Freie: die Spur eines großen Tieres! »Das ist gut!«, sagte Herakles zufrieden. »Diesmal scheint mir die Göttin Tyche hold zu sein! Ich brauche nun nur noch der Spur zu folgen!«

Ohne Hast machte er sich auf den Weg. Er sah nicht, dass sich, vielleicht hundert Schritte hinter ihm und ein wenig höher oben, einer der schwarzen Felsen, die aus dem Schnee ragten, plötzlich bewegte.

Nein, da war kein Felsen. Da war jetzt ein riesiges Tier mit einem dreieckigen Schädel, aus dem die mörderischen Hauer weiß hervorstachen, mit kleinen tückischen Augen und langen Stacheln auf dem schwärzlichen Rücken.

Den Rüssel witternd erhoben, die Ohren steil aufgerichtet, stand es einen Augenblick regungslos da – dann begann es zu rennen. Es gab keinen Laut von sich und der Schnee knirschte nicht unter seinen Sprüngen, die plump und hässlich aussahen. Aber sie waren unheimlich schnell.

Irgendetwas warnte Herakles, vielleicht ein leises Schnauben. Er fuhr herum.

Er hätte keine Zeit mehr gehabt, den Bogen von der Schulter zu reißen und einen Pfeil aus dem Köcher zu nehmen, und außerdem – er musste den Eber ja lebend haben: Der vergiftete Pfeil hätte ihn sogleich getötet!

Gedanken sind sehr schnell und dies alles schoss Herakles in einem Augenblick durch den Kopf, während er die Keule in die Höhe schwang und sie herabsausen ließ.

Sie traf den dreieckigen Schädel genau zwischen den Ohren, als das Ungetüm zwei Armlängen vor ihm auf den Boden prallte. Aber der Eber knickte nur ein wenig in den Knien ein, grunzte unwillig und schüttelte ein paarmal den Kopf. Doch er mochte wohl in seinem ganzen Leben noch keinen solchen Hieb bekommen haben. Und als Herakles gerade dachte, nun würde er sich gewiss sogleich wütend auf ihn stürzen – da warf er sich plötzlich herum und rannte davon! Und wie er rannte! Einen Augenblick starrte ihm Herakles verblüfft nach. Dann begann er auch zu rennen! Wahrhaftig, Pholos hatte wieder recht behalten! Denn so schnell er auch lief – er vermochte den Eber nicht einzuholen.

Sollte er ihm wirklich wieder entkommen, nachdem er ihn schon fast unter den Händen gehabt hatte? Mit zornigen Sprüngen jagte Herakles weiter. Und dann schien es, als habe sich das Untier mit einem Mal besonnen. Mit einem Ruck hielt es mitten im Lauf inne, warf sich herum und raste geradewegs auf seinen Verfolger zu. Abermals fuhr es Herakles wie der Blitz durch den Kopf: Er musste dem Eber einen zweiten Hieb versetzen, der ihn betäubte, aber nicht tötete! Das war nicht leicht, denn er wusste nicht, wie viel dieser Schädel aushielt, ohne zu bersten.

Als der Eber heranstürmte, schlug er zu, ein wenig härter als beim ersten Mal. Der Schlag war gut berechnet. Mit einem quiekenden Laut sank das Tier zusammen und blieb keuchend liegen. Hastig nahm Herakles das Seil von der Schulter. Er musste schleunigst diese grässlichen Hauer unschädlich machen, ehe das Ungeheuer wieder zu sich kam! Flink wickelte er den Strick um den Rüssel und zog den Knoten sorgsam fest. Dann fesselte er dem Eber die Beine und wartete, bis er wieder aus der Betäubung erwachen würde.

Er brauchte nicht lange zu warten. Der Eber begann sogleich, fürchterlich zu toben, als er merkte, dass er gefesselt war und seine Hauer nicht gebrauchen konnte. Herakles ließ ihn eine Weile toben; als er sah, dass seine Kräfte allmählich nachließen, lud er ihn auf die Schultern und begann, den Berg hinabzusteigen.

Zwei Tage später wanderte er gemächlich durch das Tor von Mykene und durch die Stadt zur Königsburg. Wie stets, wenn er kam, rannten die Leute von allen Seiten herbei, um ihn zu bewundern und sich vor dem wilden Eber zu gruseln. Wie stets auch wagte niemand, ihn zu hindern, als er die Burg betrat und zum Thronsaal ging, wo Eurystheus gerade Hof hielt. Viele Männer waren da: Gesandte, Bittsteller, Schriftgelehrte, Kaufleute.

Es wurde mit einem Mal totenstill im Saal, als Herakles eintrat und nach vorne ging.

Dem König blieb das Wort im Halse stecken und er starrte

den Eindringling mit offenem Mund an, Zorn und Angst zugleich im Gesicht.

Herakles hielt an den Stufen des Thrones an, hob den Eber von den Schultern und legte ihn auf den Boden. Ganz plötzlich entstand sehr viel freier Raum um ihn, denn – beim Hades! – das Tier sah zum Fürchten aus!

Es war wahr. Der Eber warf sich wild hin und her, seine kleinen blutunterlaufenen Augen funkelten und Schaum troff ihm vom Maul. Mit aller Gewalt versuchte er, sich zu befreien, während er grässliche grunzende Laute hervorbrachte. Herakles blickte auf ihn herab. »Ich frage mich, was geschehen würde, wenn er wirklich loskäme«, murmelte er nachdenklich. »Bist du wahnsinnig?«, schrie Eurystheus heiser. »Warum bringst du ihn hierher? Trage ihn sogleich in den Zwinger – ehe ein Unglück geschieht!«

»Ich habe getan, was du mir befohlen hast!«, sagte Herakles gleichmütig. »Und jetzt will ich dir etwas sagen, König Eurystheus! Ich habe es satt, dir jedes Mal ein Tier, das du selbst nicht einmal vom Boden aufheben könntest, viele Meilen weit herbeizuschleppen. Denke dir also diesmal etwas anderes aus!«

Aber Eurystheus hatte sich schon etwas anderes ausgedacht. Die Hoffnung, dass eines seiner Abenteuer den verhassten Vetter endlich das Leben kosten könnte, musste er wohl aufgeben. Das begann er allmählich einzusehen.

Aber er konnte Herakles, den alle bewunderten – auch er selbst, obgleich er es sich nicht eingestehen wollte – er konnte diesen stolzen Helden demütigen, indem er ihm eine Arbeit auftrug, die für einen Helden gänzlich unwürdig war!

»Du hast recht, Vetter!«, sagte er so freundlich, dass Herakles misstrauisch aufhorchte. »Du bist mein Vetter und ich will nicht, dass du immer wieder in Gefahr gerätst. Darum sollst du diesmal etwas tun, was ganz ungefährlich ist. Augias, der König von Elis, besitzt dreitausend Rinder und in seinen großen Gehegen hat sich im Lauf der Zeit viel Mist angesammelt, den niemand wegschafft. Nun sucht er einen starken Mann, der diese Arbeit übernimmt! Mir scheint, der Mann könntest du sein, Vetter!« Jetzt fuhr Herakles auf. Sein Gesicht war sehr rot geworden. »Wie kannst du dich unterstehen, mir einen Dienst zuzumuten, den selbst der niedrigste Knecht nicht verrichten mag!«, rief er zornig. »Ich rate dir –«

»Du hast mir nichts zu raten!«, unterbrach ihn Eurystheus hochmütig. »Du hast nur zu gehorchen: Denn du weißt, dass die Götter es so bestimmt haben!«

Er warf einen lauernden Blick zu Herakles hinauf. Es war ihm keineswegs wohl zumute. Würde der Vetter es wagen, den Willen der Götter zu missachten? Dann konnte es sein, dass er ihn in seinem Zorn ganz einfach niederschlug.

Herakles sah so finster aus, dass die Männer im Saal einander unbehaglich anblickten. Was würde der gewaltige Mann tun?

Und dann bückte sich Herakles, lud sich den Eber auf die Schultern und verließ ohne ein Wort den Saal.

Er ging über den Hof zu den Zwingern, wo schon die Knechte warteten. Auch der Oberkämmerer war da. Er lief sogleich auf Herakles zu. »Ich bitte dich, hilf mir, Herr«, sagte er besorgt. »Der König wird mir gewiss befehlen, den Eber freizulassen. Ich habe auch die Hirschkuh freilassen müssen und bin ihr gerade noch lebend entronnen. Nun sage mir, was ich tun soll, um diesem entsetzlichen Untier zu entkommen!« Herakles schüttelte den Kopf. »Sei ruhig, tapferer Leibwächter!«, sagte er und klopfte ihm mit seiner großen Hand gutmütig auf den Bauch. »Ich werde es selber freilassen!«

Er betrat den Zwinger, legte den Eber dicht neben dem offenen Tor auf die Erde, zog das Messer und zerschnitt die Stricke an den Beinen.

Es dauerte einen Augenblick, bis der Eber begriffen hatte, dass er aufspringen konnte.

Aber in diesem einen Augenblick war Herakles schon durch das Tor hinausgeschlüpft und die Knechte warfen es schleunigst zu. Zwar stürzte der Eber sogleich hinter ihm her, aber er rannte nur gegen den Zaun, vor dem er jetzt seinen Feind stehen sah. Wütend zwängte er den zugebundenen Rüssel zwischen den Bretter heraus. Darauf hatte Herakles nur gewartet: ein schneller Schnitt – der Strick fiel herab und nun war es sehr gut, dass sich niemand mehr im Zwinger befand. Denn jetzt schien der Eber vollends toll geworden.

Die Knechte und der Oberkämmerer rannten schreckensbleich davon, als drinnen der Höllentanz begann.

Oh Götter, wie war das Leben in dieser Burg voll von Ängsten und Gefahren!

Die Säuberung der Augiasställe

Der Diener meldete vor dem König Augias von Elis: »Herr, es ist ein gewaltiger Mann vor dem Tor. Er sagt, er wolle deine Rindergehege vom Mist reinigen! Er sieht aber so aus, als sei er nicht dafür geboren«, fügte er unsicher hinzu, weil ihm der Fremde im Löwenfell merkwürdig vornehm erschienen war – wie ein großer Krieger oder ein Fürst vielleicht.

Augias hörte das mit Verwunderung. Er lachte. »Den Narren will ich mir ansehen, der freiwillig diese Arbeit übernimmt! Führe ihn zu mir!«

Ein wenig später wunderte er sich noch mehr. Dieser Fremde betrat seinen prächtigen Saal, als sei er gewohnt, in Palästen aus- und einzugehen. Er verneigte sich ernst und höflich, aber gar nicht besonders tief, und sagte: »Sei gegrüßt, König Augias! Ich bin gekommen, um deine Ställe vom Mist zu säubern!« Dem König schien es freilich, als sei dem Fremden bei diesen Worten zornige Röte ins Gesicht gestiegen, aber vielleicht hatte er sich geirrt.

»Warum willst du denn diese Arbeit tun, die sonst niemand tun mag?«, forschte er neugierig, weil ihm dies alles recht sonderbar schien.

»Ich will nicht – sondern ich muss!«, antwortete Herakles kurz. Augias runzelte unwillig die Stirn. »Was soll das heißen? Und wer bist du überhaupt?« »Das braucht dich nicht zu kümmern! Ich werde diese Arbeit verrichten und danach wieder fortgehen. Mehr habe ich dir nicht zu sagen. Befiehl einem Knecht, mir die Ställe zu zeigen!« Augias zuckte die Achseln. Wenn der wunderliche Bursche es nicht anders will –

mir soll es recht sein!, dachte er. Und weil er sehr auf seinen eigenen Vorteil bedacht war, überlegte er schnell, wie er den Lohn für den Fremden sparen könnte, und es fiel ihm auch sogleich etwas ein. »Meinetwegen!«, sagte er. »Aber ich stelle dir eine Bedingung. Du musst den Mist an einem einzigen Tag fortschaffen; dann bekommst du zum Lohn den zehnten Teil meiner Rinder. Gelingt es dir aber nicht an einem Tage, so bekommst du gar nichts! Bist du damit einverstanden? Dann kannst du gleich morgen früh mit der Arbeit beginnen!«

»Ja«, sagte Herakles, dem an Lohn nicht viel lag, und ließ sich von einem Knecht zu den Ställen führen, die zu dieser Zeit leer standen, weil man die Rinder auf entfernte Weiden getrieben hatte.

Der König rieb sich die Hände und meinte, einen guten Handel gemacht zu haben. Denn es konnte einem einzelnen Mann doch niemals gelingen, den Mist von dreitausend Rindern, der sich in ein paar Jahren angehäuft hatte, an einem Tage aus den Ställen zu schaffen!

Augias hatte aber einen Sohn namens Phyleus, der redlicher war als sein Vater und es nicht leiden konnte, wenn Augias andere betrog. Er hatte gehört, was der König mit Herakles vereinbarte, und er beschloss, darauf zu achten, dass alles mit rechten Dingen zuging,

Derweilen hatte aber Herakles mit Schrecken die riesigen Rindergehege gesehen und die gewaltigen Mengen Mist darin. Eine Weile ging er an den hohen Zäunen entlang, dann stieg er einen Grashang hinauf, bis dahin, wo der Boden steil und felsig wurde. Dort entsprang zwischen den Felsen eine starke Quelle, die sich bald in zwei Bäche teilte. Sie stürzten weiß schäumend zu Tal, vorüber an den Ställen und am Palast, dem Meere zu. Herakles setzte sich auf einen Steinblock, starrte auf die Gehege hinunter und dachte hoffnungslos, dass es ihm ganz und gar unmöglich sein würde, seinen Auftrag zu erfüllen. Aber was dann? Sollte er unverrichteter Dinge heimkehren? Im ganzen Land würde man lachen über den berühmten Helden, der Mist forträumen sollte und es nicht konnte!

Er begann, mit den Unsterblichen zu hadern. Sie hatten ihm befohlen, Eurystheus zu gehorchen, und nun musste er die unwürdigen Arbeiten ausführen, die dieser boshafte Wicht sich für ihn ausdachte!

»Wäre er nur hier – ich würde ihn verprügeln, bis er keine heile Stelle mehr am Leibe hat. Denn das haben mir die Götter ja nicht verboten!«, sagte er zähneknirschend zu sich. Das war aber gerade der Augenblick, in dem die Unsterblichen beschlossen hatten, sich seiner zu erbarmen. Sie gaben ihm einen Gedanken ein, der ihn fürs Erste sehr verblüffte, um ihn gleich darauf in Entzücken zu versetzen. Als er lange genug nachdachte, tat er an diesem Tage nichts mehr, sondern kroch in einen Heuhaufen und schlief zufrieden ein. Am Morgen aber, als es kaum dämmerte, machte er sich an die Arbeit.

Er holte Spaten und Schaufel und begann, oben bei der Quelle zu graben. Und weil er so gewaltige Kraft besaß, hatte er bis zum Mittag ein neues Bachbett gegraben, das geradewegs zu den Rindergehegen führte. Danach errichtete er unterhalb der Quelle Dämme aus großen Steinen, die die beiden Bäche zwangen, in das neue Bett zu fließen. Der Hang war steil in dieser Höhe, das Wasser schoss mit großer Gewalt hinab und strömte unten durch den Zaun in die Ställe.

Herakles sah mit Befriedigung, wie es alsbald begann, den Mist fortzuschwemmen, immer mehr und mehr, und wie das Wasser samt dem Mist jenseits durch den Zaun hinausfloss. Ein Stück weiter unten gelangte der schmutzige Strom wieder an die leeren Bachbetten, genau wie er es berechnet hatte, und wälzte sich darin zum Meer hinab.

Als Herakles dies alles eine Weile beobachtet hatte, legte er sich ins Gras und ließ sich von der Sonne bescheinen, während das Wasser seine Arbeit tat.

Von Zeit zu Zeit sah er nach und freute sich, dass sein Werk so gut gelungen war: Denn ehe es noch dämmerte, waren die Ställe sauber, die weiten Flächen innerhalb der Zäune nur noch mit abgestorbenem Gras bedeckt, das sich an Luft und Sonne bald wieder in einen grünen Teppich verwandeln würde.

Herakles hatte, während er emsig arbeitete, nicht darauf geachtet, dass allerlei Volk sich in der Nähe sammelte, freilich nicht allzu nahe, weil ihnen der gewaltige Mann Furcht einflößte, der da so – mir nichts, dir nichts! – Bäche umleitete und Dämme errichtete, dass ihre Landschaft ein ganz fremdes Gesicht bekam. Irgendeiner von ihnen lief zum König.

Der hörte ihn stirnrunzelnd an, berief einige von seinen Ratgebern, Baumeister und Richter zu sich und stieg mit ihnen auf das Dach des Palastes. Auch Phyleus folgte ihnen, obgleich sein Vater ihn nicht dazu aufforderte. Er liebte diesen Sohn nicht, der ihm stets im Wege stand, wenn er jemandem Unrecht tat. Und das tat er ziemlich oft.

Voll Verblüffung sah Augias, was geschehen war. Die Sonne stand noch hoch, und anstatt im Schweiße seines Angesichtes Mist zu schaufeln, lag dieser große Bursche im Gras und schlief.

Durch die Ställe aber rauschte das Wasser der Bäche, die zuvor einen ganz anderen Weg genommen hatten, und schwemmte den ganzen Mist fort, ohne dass sich der Fremde eine Hand schmutzig zu machen brauchte!

Augias schnappte vor Zorn nach Luft. Aber plötzlich zog ein schlaues Grinsen über sein Gesicht. »Dumm ist der wunderliche Riese nicht!«, sagte er grimmig. »Dennoch soll er sich irren, wenn er glaubt, so leicht davonzukommen! Habe ich ihm etwa erlaubt, in meinem Land Bäche umzuleiten? Oh nein! Er hat es getan, ohne mich auch nur um Erlaubnis zu bitten! Das muss er büßen!«

Er wandte sich an die Richter. »Was meint ihr dazu?« Sie murmelten ungewiss, ja, so frevelhaftes Tun sei wohl zu bestrafen! Phyleus aber sagte: »Nein, Vater! Du hast nur mit dem Fremden vereinbart, dass er die Rinderställe säubern wird. Wie er das machen sollte, davon hast du nicht geredet! Und du hast genau gewusst, dass er niemals den ganzen Mist an einem Tage wegschaufeln oder in Körben forttragen konnte. Sei froh, dass er den klugen Einfall hatte – vielleicht könnten deine Baumeister etwas von ihm lernen! Eines aber scheint mir gewiss: Er hat seinen Lohn verdient und er muss ihn bekommen, nicht aber für seine Arbeit bestraft werden!«

Die Baumeister warfen dem Prinzen giftige Blicke zu und der König schrie: »Das hat dich nicht zu kümmern! In meinem Lande befehle ich! Und wenn es dir nicht gefällt, dann kannst du ja gehen!« Phyleus sah ihn mit ernstem Blick an. »Das wollte ich schon lange tun, Vater«, antwortete er ruhig. »Denn ich mag nicht in einem Lande leben, in dem das Unrecht herrscht! Gehab dich wohl, König!« Er wandte sich ab und ging fort. Einen Augenblick schien es, als wollte der König ihn zurückrufen. Dann warf er den Kopf in den Nacken. Nein, er rief niemanden zurück, der fortwollte, und wenn es sein eigener Sohn war! »Bringt mir den Fremden her!«, befahl er. »Wir wollen in den Thronsaal gehen und ihr werdet ihm sagen, was ihr als Recht erkannt habt! Überlegt es euch gut!«, fügte er drohend hinzu.

Sie duckten sich. Sie wussten, es gab nichts zu überlegen. Wer dem König Widerspruch zu leisten wagte, der lebte nicht mehr lange. Sie hatten nicht so viel Mut wie der junge Prinz.

Herakles beeilte sich nicht sonderlich, dem Diener zu folgen, der ihn in den Palast rief.

Er warf sich das Löwenfell um, holte seine Keule, Bogen und Köcher und ging noch einmal rings um die Gehege. Ja, alles war in Ordnung. Nur die Knechte würden später einige Arbeit haben, wenn sie die Bäche wieder in ihr altes Bett leiten mussten. Als er in den Saal trat, sah er verwundert, dass ein Dutzend düster blickende Männer den Thron umstanden, auf dem der König Platz genommen hatte.

Herakles fühlte sich sehr zufrieden. Aber das wurde schnell anders.

Einer der Männer trat vor und begann zu reden und Herakles vernahm mit Staunen, dass er ein Bösewicht sei, der den König beleidigt und die schöne Landschaft um den Palast in eine Wüste verwandelt habe! Zuletzt erfuhr er, dass er keinen Lohn zu erwarten brauche, weil er ja gar nicht Mist fortgeräumt, sondern Bäche umgeleitet habe – und dass er es nur der Gnade des Königs verdanke, wenn ihn nicht eine harte Strafe dafür träfe. Er habe aber augenblicklich das Land zu verlassen.

Dies alles brachte der Mann hastig und mit Unbehagen vor, als schäme er sich für das, was er sagte.

Herakles hörte ihn ruhig bis zum Ende an. Dann nickte er ihm freundlich zu, wie einem braven Knaben, der eine Stelle aus seiner Schriftrolle gut gelernt hatte.

»Du bist ein Richter, glaube ich«, sagte er nachdenklich. »Ich habe immer gehört, Richter entscheiden, was recht und unrecht ist, und niemand kann ihnen befehlen, ein ungerechtes Urteil zu fällen, auch ein König nicht. Jetzt weiß ich es besser.« Er sah Augias nicht einmal an, während er weiterredete. »Du bist ein armer Mann, Richter. Denn du hast nur aus Angst vor deinem König so gesprochen. Wenn ich wollte, so würde ich mir den versprochenen Lohn dennoch holen und niemand könnte mich daran hindern! Aber von Augias würde ich keinen Lohn nehmen, selbst wenn ich sehr arm wäre: Denn er ist kein redlicher Mann.« Augias fuhr in die Höhe. »Was fällt dir ein, du namenloser Fremdling?«, brüllte er. »Du wagst es, bewaffnet vor mir zu erscheinen! Du willst mir nicht einmal sagen, wer du bist und woher du kommst! Und du beleidigst mich in meinem eigenen Palast! Gewiss hast du einen guten Grund, deinen Namen zu verbergen? Du hast wohl so schimpfliche Taten begangen, dass –« Er brach erschrocken ab, denn Herakles stand mit einem schnellen Schritt dicht vor ihm. »Schweig, König Augias!«, sagte er kalt. »Vor deinesgleichen lege ich meine Waffen nicht ab, weil ich befürchten müsste, heimtückisch überfallen zu werden! Habe ich dich beleidigt? Du weißt genau, dass ich nur die Wahrheit gesprochen habe! Und was meinen Namen betrifft – nun, so magst du meinetwegen damit prahlen, dass Herakles einmal für dich gearbeitet hat: allerdings nicht aus freiem Willen, sondern nach dem Befehl der Götter!«

Fast hätte Herakles laut gelacht, als er den Saal verließ. Nein, er würde das Gesicht des Königs nie vergessen – so entsetzt hatte Augias ihn angestarrt, als er begriff, wen er so schmählich behandelt und aus dem Land gejagt hatte.

Die Stymphalischen Vögel

Eurystheus empfing ihn mit Spott, als Herakles wieder in die Burg Tiryns zurückkehrte. Er musterte ihn von oben bis unten. »Du siehst nicht einmal sonderlich schmutzig aus«, sagte er, »auch riechst du nicht so übel, wie man glauben sollte – nach dieser widerlichen Arbeit! Wie bist du denn damit zu Ende gekommen?« »Ich habe gar nicht damit begonnen!«, erwiderte Herkules vergnügt. »Ich habe nur zwei Bäche umgeleitet; danach habe ich in der Sonne gelegen und das Wasser hat den Mist fortgeschwemmt.« Eurystheus hörte das voll Ingrimm. Es war ihm also auch nicht gelungen, Herakles zu demütigen! Gab es denn wirklich nichts, womit man diesem unbesiegbaren Vetter beikommen konnte? »Eigentlich sollte ich diese Arbeit gar nicht gelten lassen!«, sagte er mürrisch. »Aber da ich schon eine andere für dich habe, mag es hingehen. Komm mit mir!«

Sie begaben sich zum Thronsaal. Da wartete eine Gesandtschaft, Männer mit müden, hohläugigen Gesichtern, die aussahen, als hätten sie viele Nächte nicht geschlafen oder als wären sie dem Hungertod nahe.

»Sie sind weit hergekommen, aus dem Osten meines Reiches«, erzählte Eurystheus. »Sie wohnen dort rings um den See Stymphalos. Die Gegend ist reich an Wald und die Leute nähren sich von Wild und Fischen. Aber vor einiger Zeit ist etwas Schreckliches geschehen. Von irgendwoher sind Scharen von riesigen Vögeln in die Wälder eingefallen. Es sind keine gewöhnlichen Vögel. Sie haben Federn so hart und spitz wie Pfeile. Und das Schlimmste ist, sie können sie auch wie Pfeile abschnellen!« – »Warte!«, sagte Herakles ungläubig und wandte sich den Männern zu. »Wie sollte denn das zugehen? Vögel schießen nicht mit Pfeilen!«

»Oh, Herr, du hast sie nicht gesehen!«, rief einer. »Sie zucken einfach mit dem Flügel und schon steckt dir so ein gefiedertes Ding im Rücken oder im Arm oder im Hals. Zwar töten sie einen nicht, aber wie soll man auf die Jagd gehen, wenn man so mit Pfeilen gespickt wird?«

»Und wie kann man zum Fischen auf den See hinausfahren«, sagte ein anderer verzweifelt, »wenn sich die Vögel jeden Augenblick aus der Luft herabstürzen und mit ihren Schnäbeln versuchen, einem die Augen auszuhacken? Du musst wissen, sie haben Schnäbel aus Erz, gegen die selbst das dickste Leder nicht schützt!« – »Haben wir aber doch einmal ein paar Fische gefangen, so kommen sie und fressen sie selber auf«, beklagte sich ein Dritter. So redeten und jammerten sie und sie taten Herakles von Herzen leid. Sie hatten Zutrauen zu ihm gefasst, weil er so groß und stark war und dennoch gutmütig aussah. Eifrig erzählten sie jetzt alle durcheinander von ihrer Bedrängnis. »Bei uns schläft auch niemand mehr! Denn Tag und Nacht ist ein fürchterliches Knarren, Kreischen und Klappern in der Luft. Die boshaften Vögel schlafen entweder überhaupt nicht oder sie tun es aus lauter Bosheit abwechselnd, damit wir nie Ruhe haben! Wir werden aus der Gegend fortziehen müssen, weil wir sonst vor Hunger sterben. Und einige sind von dem ewigen Lärm schon närrisch geworden!« Herakles hörte sich ihre Klagen geduldig an. Aber er fragte sich besorgt, ob er ihnen wohl helfen konnte. Wie sollte er Scharen von Riesenvögeln, die noch dazu mit

Pfeilen schossen und einem die Augen aushacken wollten – wie sollte er die bekämpfen? Vielleicht konnte er einige von ihnen mit den vergifteten Pfeilen töten – aber selbst das schien ihm ungewiss, wenn sie nicht aus Fleisch und Blut waren.

Er merkte, wie ihn Eurystheus hämisch beobachtete. Oh nein, der Vetter sollte nicht die Freude haben, ihn zu verspotten, weil er keine Ahnung hatte, wie er dieses neue Abenteuer bestehen sollte! »Geht ruhig heim!«, sagte er zu den Männern, die so hoffnungsvoll zu ihm aufsahen, dass er sich schwor, sie nicht zu enttäuschen – koste es, was es wolle!

»Ich werde noch vor euch am See sein«, fuhr er fort, »und wenn die Glücksgöttin es mir vergönnt, wird in euren Wäldern bald wieder Stille herrschen!« –

Aber während er später ostwärts wanderte, wusste er immer noch nicht, wie er sein Versprechen einlösen sollte. Und auch, als er von einem Hügel aus endlich den See Stymphalos in der Ferne schimmern sah, war ihm noch kein Ausweg eingefallen.

Irgendetwas begann, ihn jetzt zu beunruhigen. Da war ein sonderbares Schwirren in der Luft, und je näher er dem See und den Wäldern kam, desto lauter wurde es. Es war ein abscheuliches Geräusch und Herakles dachte, man könnte wohl tobsüchtig werden, wenn man es Tag und Nacht hören musste. Von Zeit zu Zeit erhob sich unten etwas wie eine dichte schwarze Wolke über die Baumkronen. Dann schwoll der Lärm unerträglich an und wurde wieder leiser, wenn die Wolke zwischen den Bäumen verschwand.

Während Herakles mit langen Schritten den Hügel hinabstieg, erwachte in seinem Blut die alte Wut, die er aus seiner Knabenzeit nur allzu gut kannte. Aber diesmal sollte sie ihm helfen, dieses Vogelgezücht zu vernichten! Ja, so hoffte er ... Er sah die Hütten am Ufer und am Waldrand liegen, aber sie schienen wie ausgestorben. Leere Boote schaukelten im Uferwasser. Die Menschen wagten sich wohl kaum noch ins Freie. Herakles hielt an, als er vielleicht noch hundert Schritte vom See und vom Waldrand entfernt war. Verwundert und misstrauisch merkte er, dass es plötzlich ganz still geworden war. Er stülpte den Löwenschädel über den Kopf und band das Fell fest um sich.

Es war keinen Augenblick zu früh. Denn über den Baumkronen erschien jetzt ein einzelner Vogel; er stieg zuerst lautlos in die Höhe, hing mit klatschenden Flügelschlägen einen Atemzug lang in der Luft – dann erscholl ein Schrei, so laut und misstönig, dass Herakles zusammenfuhr.

Es musste wohl ein Befehl sein! Denn zugleich erhob sich aus dem Walde wieder die schwarze Wolke, die er schon aus der Ferne gesehen hatte – zahllose Schwärme geflügelter Ungeheuer, die im Handumdrehen die Luft erfüllten und die Sonne verdunkelten. Und dann brach es los. Es schwirrte und klapperte, es knarrte und kreischte, dass einem Hören und Sehen verging. Herakles stöhnte. Oh Götter, wie sollte er jemals über diese Brut Herr werden, die gewiss boshafte Dämonen aus dem Tartaros heraufgesandt hatten! Er biss die Zähne zusammen und versuchte, das Grauen zu vertreiben, das ihn erfassen wollte. Wie sie aussahen, diese Ausgeburten der Finsternis! Ein viel zu großer spitzer Schnabel, ein winziger Kopf mit grausam funkelnden Augen und ein Gewirr von

Federn, die nach allen Seiten starrten. Nein, Federn waren das nicht, eher lange, harte Stacheln wie Pfeile.

Es fiel ihm ein, was die Boten gesagt hatten: »Sie schnellen ihre Federn ab wie Pfeile . . .«

Er wusste gar nicht, dass er begonnen hatte, mit der Keule um sich zu schlagen, mitten in das Gewimmel hinein. Aber er fühlte plötzlich an den Armen und jetzt an den Beinen, sogar im Rücken, wo ihn doch das Löwenfell schützen sollte, an der Brust und einfach überall, merkwürdige kleine scharfe Stiche – wie Wespenstiche, dachte er – und warf einen schnellen Blick auf seine Beine hinab.

Er schrie vor Wut auf: Sie waren von oben bis unten gespickt mit diesen Stacheln, die die Vögel einfach nur mit einem kurzen Zucken der Flügel abschnellten und die sich dann schmerzhaft irgendwo in die Haut bohrten.

Sie saßen zwar nicht tief und er konnte sie mit den Händen abstreifen. Aber was half das? Im Nu waren wieder andere da. Er sah sie dicht wie Hagel auf sich zufliegen und musste es ohnmächtig dulden, dass sie ihn allmählich in ein seltsames Wesen verwandelten, das aussah wie ein merkwürdig geformter riesiger Igel, der dastand und mit der Keule um sich schlug, ohne dass es ihm nur im Geringsten nützte.

Manchmal merkte er, dass eines der Ungeheuer sich auf seinen Kopf stürzte und mit dem Schnabel, der hart war wie Erz, nach seinen Augen zu hacken versuchte. Aber die gewölbten Knochen über den Augenhöhlen des Löwenschädels waren stark und so blieb ihm wenigstens dies erspart.

Aber was sollte jetzt aus ihm und diesem ungleichen Kampf werden, der eigentlich gar kein Kampf war, sondern eine einzige fürchterliche Schande für den tapferen Helden Herakles, der nicht imstande war, sich dieser geflügelten Ungeheuer zu erwehren – viel weniger noch, sie zu vernichten.

Manchmal gelang es ihm, einen Blick zu den Hütten hinüberzuwerfen. Da drängten sich in den Türen Männer, Frauen und Kinder und sahen verstört zu, wie dieser große Fremdling, der sie retten wollte, sich selbst nicht mehr retten konnte. Einmal dann sah er auch die Boten, die gerade zurückkehrten und aus Leibeskräften rannten, um die schützenden Hütten zu erreichen. Herakles dachte erbittert, sie brauchten gar nicht so zu rennen, weil die Vögel ja mit ihm so emsig beschäftigt waren, dass sie keine Zeit für sie hatten.

Und weil die Not die Menschen immer schon beten gelehrt hat, sagte jetzt auch Herakles in seiner Bedrängnis: »Vater Zeus, willst du deinen Sohn wirklich im Stich lassen? Wenn ich schon zum Hades hinabsteigen muss, so solltest du mir wenigstens vergönnen, es nach einem ehrenvollen Kampf zu tun, nicht aber gespickt mit den Federn dieser Unholde!«

Zeus hatte schon längst mit Ärger vom hohen Olymp aus die Abenteuer seines geliebten Sohnes verfolgt, zu denen ihn dieser Schwächling Eurystheus zwang. Er hatte auch diesen Kampf vorausgesehen, und weil er wusste, dass es diesmal für Herakles wirklich keinen Ausweg aus der Bedrängnis gab, hatte er Vorsorge getroffen. Er hatte Hephaistos, dem erfindungsreichen Gott der Schmiede, befohlen, zwei Geräte zu schaffen, die imstande waren, einen so fürchterlichen Lärm zu vollführen, dass der Palast der Götter davon erzitterte.

Die Arbeit war Hephaistos aufs Beste gelungen, und als er

Zeus die Lärmgeräte vorführte, stürzten die Unsterblichen fast von ihren Thronen.

»Es ist Zeit, Herakles zu Hilfe zu kommen!«, sagte der Göttervater zu Pallas Athene, die an seiner Seite stand und voll Zorn mit ansah, was unten mit ihrem Liebling Herakles geschah. Die Göttin verstand ihn augenblicklich. Sie rief den goldenen Wagen mit den ehernen Rädern herbei, lud die beiden Geräte des Schmiedegottes darauf und fuhr mit Windeseile zum See Stymphalos hinab.

Da, wo der Wald am dichtesten war, verbarg sie die Geräte im Buschwerk, der Wagen verschwand wie der Blitz und Pallas Athene stand im nächsten Augenblick hinter Herakles. Niemand konnte sie sehen, auch die Vögel nicht, die aber jetzt plötzlich unsicher zu werden schienen, wie Herakles mit Verwunderung bemerkte. Sie stürzten sich heran und prallten wieder zurück, während sie merkwürdig erschreckte Laute ausstießen. Und dann fühlte er, wie sich eine Hand auf seine Schulter legte. »Spring, so schnell du kannst, zur Linken in den Wald!« Herakles wusste sogleich, das war dieselbe Stimme, die ihm zu Theben befohlen hatte, die Rüstung aus dem Tempel der Athene zu holen.

Aber er war jetzt so wütend über seine schmähliche Lage, dass er gar nicht daran dachte zu gehorchen. »Nein, erhabene Göttin!«, schrie er. »Ich werde nicht vor diesen elenden Vögeln fliehen! Ich werde . . .« – er stockte und schielte auf seine Schulter hinab: Der Druck der unsichtbaren Hand war stärker geworden . . . »Es ist manchmal klüger, einem Kampf auszuweichen, den man im Augenblick nicht gewinnen kann!«, sagte die Stimme sehr kühl. »Oft gibt es später einen Ausweg, den man jetzt noch nicht sieht. Du wirst also dennoch in den Wald laufen! Nach zwanzig Schritten findest du im Gebüsch zwei Geräte, die dir helfen werden; du brauchst nur am Griff der geflügelten Räder zu drehen: Dann wirst du merken, was geschieht.« – »Was soll das, Göttin?«, murrte Herakles. »Ich habe den Bewohnern hier versprochen, sie von den Vögeln zu befreien. Aber meine ganze Kraft nützt mir nichts! Wie sollen mir deine Geräte helfen?«

»Tu, was ich dir sage!«, befahl jetzt die Stimme sehr streng. »Zuweilen bekämpft man einen Feind am besten mit seinen eigenen Waffen!«

Nach diesen Worten schwieg die Stimme und die Hand auf der Schulter war fort.

Aber es hatte so viel Strenge in dem Befehl gelegen, dass es ihm geraten schien, schleunigst zu gehorchen, obgleich er nicht begriff, was die Worte der Göttin bedeuten sollten. Wie kann ich die Ungeheuer mit ihren eigenen Waffen schlagen?, dachte er, während er mit gewaltigen Sprüngen dem Wald zuraste, verfolgt von einem Schwarm der Vögel, die sich derweilen mit neuem Eifer auf ihn gestürzt hatten. »Ich kann weder so widerlich kreischen wie sie noch mit den Flügeln knarren oder mit dem Schnabel klappern . . .«

Als er an den Waldrand kam, begann er trotz seiner Wut, genau zu zählen. Eins, zwei, drei, vier . . . zwanzig Schritte nach links. Irgendetwas blinkte vor ihm im Dickicht. Mit einem letzten Sprung über die Büsche stand er vor den beiden seltsamen Geräten. Er hatte dergleichen noch nie gesehen, aber er nahm sich nicht die Zeit, sie zu betrachten. »Du brauchst nur die Griffe an den geflügelten Rädern zu drehen . . .«, hatte die Göttin gesagt. Er warf seine Keule fort und packte die beiden Hebel. Einen Augenblick später hätte er sie vor Schrecken um ein Haar wieder losgelassen.

Denn jetzt brach mit einem Schlag ein so entsetzliches Getöse los, dass ihm der Lärm der Vögel dagegen wie sanftes Windessäuseln erschien.

Wie der Blitz fuhr es ihm durch den Kopf: Das also hatte die Göttin gemeint! Nun – wenn es helfen konnte – er wollte das Seinige dazu tun!

Und er drehte und drehte, dass ihm der Schweiß über das Gesicht rann. Plötzlich merkte er, dass die Vögel von ihm abgelassen hatten und dass sie ringsum auf dem Boden hockten, furchtsam zusammengeduckt, mit aufgerissenen Schnäbeln, als wollten sie schreien. Aber außer dem Lärm, den die geflügelten Räder hervorbrachten, vernahm er keinen Laut.

Er sah auch, dass viele vorüberflogen, unsicher durch die Luft taumelnd, und zwischen den Bäumen verschwanden. Andere hüpften und torkelten auf der Erde davon und endlich schien es Herakles, als sei kein einziger Vogel mehr im ganzen Walde. Er wagte es, ein wenig mit dem Drehen aufzuhören, und wartete mit zusammengebissenen Zähnen. Vielleicht würden sie sogleich wieder da sein! Aber es war sehr still ringsum und es blieb auch still. Da ging er behutsamen Schrittes zum Waldrand. Als er an den See kam, sah er es. Schon weit draußen, auf das Meer zu, zog eine große schwarze Wolke dahin. Und er konnte nur noch ein leises Schwirren vernehmen, das sich bald ganz verlor.

Er setzte sich auf einen Baumstrunk und begann, sich die Stacheln aus der Haut und aus dem Löwenfell zu ziehen.

Nach einer Weile kamen, noch zaghaft, die Leute aus den Hütten, verneigten sich ehrfürchtig wie vor einem Gott und brachten ihm allerlei ärmliche Gaben.

Aber Herakles weigerte sich, sie anzunehmen. »Hätten mir die Unsterblichen nicht geholfen, so hätte ich euch nicht retten können«, sagte er ehrlich. »Drinnen im Dickicht werdet ihr die Geräte finden, die mir die Götter gesandt haben, um die Vögel zu vertreiben. Sollten sie je wiederkommen, dann vermögt ihr euch selbst von ihnen zu befreien! Es sieht so aus, als könnten sie einen noch größeren Lärm als ihren eigenen nicht ertragen«, fügte er lächelnd hinzu.

Dann nahm er seine Waffen, sagte »Gehabt euch wohl« und wanderte fort.

Die Männer durchsuchten später den ganzen Wald, aber die Geräte, mit denen man den großen Lärm hervorbringen konnte, fanden sie nicht.

Auch die Vögel kamen nicht wieder.

Der berühmte Held Jason begegnete ihnen lange Zeit danach, als er mit den Argonauten nach Kolchis fuhr, auf einer einsamen Insel. Aber sie konnten ihm und den gepanzerten Männern nichts anhaben.

Der Stier Poseidons

Auf der Insel Kreta herrschte zu dieser Zeit König Minos. Er war reich und habgierig, und um seinen Reichtum noch zu mehren, betrog er nicht nur die Menschen, sondern auch die Götter. Einmal nun, als eine schreckliche Sturmflut über die Insel hereinbrach, versprach er vor allem Volke dem Gott Poseidon, dem Beherrscher der Meere, er wolle ihm das Erste, was nach dem Unwetter aus den Fluten auftauche, als Opfer darbringen, wenn er seine Stadt und seine Paläste verschone, in denen er ungeheure Schätze angehäuft hatte: kostbare Gefäße, kunstvolle Marmorstandbilder, kleine zierliche Figuren aus Erz, Goldschmuck und Elfenbeingerät.

Poseidon hörte sein Versprechen. Aber er kannte Minos genau und beschloss, ihn zu prüfen. Er gebot dem Unwetter Einhalt, die Wogen glätteten sich und die Winde kehrten gehorsam zurück zur Insel des Gottes Aiolos.

Der König stand auf dem Dach seines Palastes und sah mit Befriedigung, wie das wilde Meer still wurde. Aber kaum war die Gefahr vorüber, da bereute er auch schon, dass er dem Gott dieses Opfer versprochen hatte. Wer weiß, was nach einem solchen Sturm an die Küste geworfen wurde? Es konnte doch etwas sein, das er viel lieber selbst behalten wollte, anstatt es Poseidon zu opfern! Oh, er hätte sich die Haare ausraufen können für sein leichtsinniges Versprechen!

Während ihm diese unerfreulichen Gedanken durch den Kopf gingen, ließ er seine Augen aufmerksam über das Meer schweifen. Da bemerkte er plötzlich, schon nahe an der Küste, ein großes Tier, das langsam heranschwamm und gleich darauf an dem flachen Strand den Wellen entstieg.

Es war ein riesiger Stier, stark und schön, wie er noch nie einen gesehen hatte, mit breiter Brust und prächtig geschwungenen Hörnern.

Atemlos starrte Minos hinab. Bei den Göttern, er hatte viele gute Stiere in seinen Herden – aber neben diesem mussten sie aussehen wie einjährige Kälber!

Und dieses herrliche Tier sollte er Poseidon opfern? Ei, er war doch kein Narr! Als Opfertier war ein Stier so gut wie der andere! Sein Entschluss war im Handumdrehen gefasst. Er stieg vom Dach hinunter, rief ein paar Knechte und befahl ihnen, den Stier zu fangen, der jetzt ruhig auf einem Rasenstreifen äste.

»Bringt ihn ins Gehege und führt mir dafür einen anderen her – den schlechtesten, den ihr findet«, schärfte er den Knechten ein. Sie lachten heimlich, denn sie kannten den Geiz ihres Gebieters. Man schlachtete also einen mageren alten Stier und verbrannte ihn auf dem Altar, der dem Gott Poseidon am Ufer errichtet war. Man kostete von den Eingeweiden und goss einen Becher Wein ins Meer, ehe man selber trank. Alles geschah, wie es zur Ehre der Unsterblichen Sitte war. Nur eben – es war ein Betrug. Poseidon hielt weit draußen auf dem Meere seine weißen Rosse an und sah voll Zorn alles mit an. Er stieß den Dreizack ins Wasser, sodass eine Springflut in die Höhe stieg und Minos erbleichend in seinen frommen Gebeten innehielt.

Hatte der Beherrscher der Meere den Betrug bemerkt und sandte einen neuen Sturm, um sich zu rächen?

Nein, die Wassersäule war schon wieder in sich zusammengesunken und das Meer lag still wie zuvor: Denn Poseidon hatte beschlossen, sich auf eine ganz andere Weise zu rächen.

Minos atmete erleichtert auf, als das Opfer vollendet war. Sogleich begab er sich zum Rindergehege, um noch einmal mit Muße den schönen Stier zu betrachten, der, ein wenig abseits von den anderen Tieren, ruhig am Zaun stand. »Wahrhaftig, ich müsste es mein Leben lang bereuen, wenn ich ihn verbrannt hätte!«, murmelte Minos.

Im nächsten Augenblick fuhr er entsetzt herum. »Du wirst sehr schnell bereuen, dass du ihn nicht verbrannt hast!«, sagte eine zornige Stimme an seinem Ohr.

Aber es war niemand da. Minos fühlte, wie ihm die Knie weich wurden.

»Sieh den Stier an!«, befahl die Stimme wieder. Minos starrte durch den Zaun.

Der Stier stand jetzt da, den Schädel mit den schrecklichen Hörnern gesenkt, die Augen blitzten tückisch und der Atem quoll in kurzen Stößen aus den Nüstern wie heißer Dampf, sodass Minos mit einem Schrei zurückprallte.

»Er ist jetzt sehr gefährlich: Denn ich habe ihn toll gemacht! Hast du wirklich geglaubt, dass Menschen die Götter ungestraft betrügen können?«, sagte die Stimme abermals. Dann schwieg sie. Minos fühlte, wie ihm die Zähne klapperten. Er wusste genau, wer so zornig zu ihm gesprochen hatte!

Und der Stier stand da und glotzte ihn aus blutunterlaufenen Augen an, als ob er sich im nächsten Augenblick auf ihn stürzen wollte.

Da begann König Minos zu laufen. Er lief auf seinen Palast zu, so schnell ihn die Beine trugen.

Hinter ihm brach ein entsetzlicher Lärm los, aber er wagte sich nicht einmal umzusehen.

Der Stier hatte sich mit einem dumpfen Aufbrüllen herumgeworfen und raste jetzt mitten unter die anderen Rinder hinein, die Hörner zum Stoß gesenkt, und wo sie trafen, floss Blut. Die Kühe drängten sich voll Angst am Zaun zusammen oder liefen ziellos im Kreise. Da und dort stellte sich ein Stier der Herde dem fremden Bullen zum Kampfe. Aber jedem knickten bei dem furchtbaren Zusammenprall sogleich die Knie ein oder er wankte mit aufgerissener Flanke davon. Ein Hirte, der sehr stark und mutig war, lief auf das wütende Tier zu: Er wurde in die Luft geschleudert und flog über den Zaun hinaus. Das war sein Glück, denn sonst hätte ihn der Stier gewiss zu Brei zerstampft. Gerade als Minos auf zitternden Beinen das Dach des Palastes erreichte, flog unten mit einem entsetzlichen Krach das Tor des Geheges in Trümmer, der Stier raste auf das freie Feld hinaus, auf die Hütten zu, die draußen an der Palastmauer standen. Die Menschen flüchteten schreiend in die Höfe, die Wächter warfen schleunigst die Tore zu, während draußen die Hüttenwände unter den Stößen des gewaltigen Schädels zusammenstürzten.

Eine Weile raste der Stier um die Mauern, dann schien es, als fände er kein Opfer mehr für seine Wut. Er wandte sich fort vom Palast und trabte über die Weiden dem Wald zu, in dem er verschwand. Von diesem Tag an herrschten auf der Insel Kreta Angst und Schrecken.

Bald da, bald dort tauchte der rasende Stier auf, tötete

Menschen und Tiere und niemand war da, der ihn einzufangen oder zu erlegen vermochte.

Tapfere Jäger zogen aus, um ihn zu erschießen, doch wenn ihn ein Pfeil traf, schien er es kaum zu spüren. Höchstens dass er sich so lange an einem Baumstamm rieb, bis der Pfeil brach oder aus der Wunde fiel. Das Volk begann, sich die schrecklichsten Geschichten über den wilden Stier zu erzählen. Selbst drüben auf dem achaischen Festland erfuhr allmählich jedermann von den Gräueltaten, die der Stier von Kreta verübte. Die Geschichten kamen auch Eurystheus zu Ohren. Und weil eben zu dieser Zeit Herakles vom See Stymphalos zurückgekehrt war, beschloss er sogleich, den verhassten Vetter, dessen Ruhm nach jedem Abenteuer nur größer wurde, nach Kreta zu senden. Vielleicht kann doch dieser Stier, der schon so viel Unheil angerichtet hat, ihm endlich den Garaus machen, dachte er verdrießlich, weil er es eigentlich selbst nicht glaubte. –

Also machte sich Herakles auf den Weg nach Kreta. Er wusste, zwischen dem Festland und der Insel war das Meer seicht und voll von Klippen. Auch zogen sich unter dem Wasser Bergrücken hin, über die man fast wie über eine Brücke gehen konnte.

Herakles nahm keine Waffen mit sich, nur den Strick, den er sich um Brust und Schultern schlang. Und weil er so groß und stark war, fiel es ihm nicht schwer, die Insel zu erreichen. Manchmal schwamm er eine Weile, manchmal sprang er von Klippe zu Klippe oder wanderte einen Bergrücken entlang, während ihm das Wasser bis an die Brust reichte.

Und eines Abends stieg er in Kreta ans Land und begab sich zum König.

Minos sah sehr sorgenvoll aus, denn es war eine üble Zeit für ihn. Seit der Stier die Insel unsicher machte, murrte das Volk gegen den König. »Er ist schuld an unserem Unglück!«, hieß es allenthalben. »Er hat Poseidon um den schönen Stier betrogen und wir haben jetzt seine Rache zu erleiden!« Minos wagte sich kaum noch aus seinem Palast heraus: Denn wo er sich zeigte, tönten ihm Flüche und Beschimpfungen entgegen.

So nahm er Herakles mit großer Erleichterung auf, als er erfuhr, dass sein berühmter Gast gekommen war, um die Insel von der schrecklichen Plage zu befreien. »Ich will dir helfen den Stier zu fangen«, sagte er in seiner Freude sogar. »Das Volk hasst mich jetzt! Aber –«

»Das Volk hat recht, König Minos!«, unterbrach ihn Herakles kühl. »Du hast nun einmal Poseidon betrogen und die Menschen auf der Insel müssen die Folgen tragen. Da ist es nur recht und billig, dass du wenigstens versuchst, ihnen zu helfen. Allerdings glaube ich nicht, dass mir dein Beistand viel nützen wird«, fügte er ehrlich hinzu. »Aber du magst immerhin mit mir kommen, damit sie deinen guten Willen erkennen. Deine Krieger musst du aber zu Hause lassen. Sie wären mir nur im Wege!«

Früh am nächsten Morgen zogen sie aus. Herakles hatte nichts als sein Löwenfell und seinen Strick und er schüttelte den Kopf, als Minos mit Helm, Schild und Schwert in einem zierlich geschmiedeten Brustpanzer erschien, den Bogen über der Schulter und den Köcher umgebunden.

»Du siehst zwar sehr kriegerisch aus, König«, sagte er. »Aber ich weiß nicht, ob du Zeit haben wirst, deine Waffen zu gebrauchen, wenn der Stier plötzlich auf uns zugerast kommt.«

Minos gab keine Antwort, denn das schien ihm selbst in der Tat ungewiss.

Sie gingen fast den ganzen Tag; querfeldein, durch Täler und über Hügel, an Siedlungen vorüber und durch unwegsame Wälder. Niemand wusste, wo sich der Stier zu dieser Zeit aufhielt: Denn es geschah bisweilen, dass er tagelang verschwunden blieb und dann plötzlich irgendwo auftauchte, wo man es am wenigsten erwartete.

Die beiden Männer waren zuletzt eine Weile nach Norden gewandert und gegen Abend wieder in die Nähe der Küste gekommen. Vor ihnen lag jetzt eine kleine Siedlung, aber sie schien nicht mehr von Menschen bewohnt zu sein, obgleich ringsum fruchtbares Land war.

»Wir wollen in einer der Hütten übernachten«, sagte Herakles, »obgleich sie recht unwirtlich aussehen.« Sie gingen auf die erste Hütte zu. Zwar lag die Tür zertrümmert an der Wand, aber das Dach schien noch fest und dicht zu sein. Minos ging mit schnellen Schritten voraus, um in das Innere zu sehen.

Plötzlich packte ihn Herakles am Arm und riss ihn zurück, während er heftig die Luft einsog.

Aus der Türöffnung kam ein warmer Dunst und es war genau der gleiche Dunst, den Herakles von den Rinderställen her gut kannte. Zugleich warnte ihn auch schon ein Geräusch. Er schleuderte den König zur Seite, dass er an die Wand flog, riss blitzschnell das Seil von der Schulter und drückte sich mit dem Rücken gegen die Mauer neben der Tür.

Dann stand der Stier in der dunklen Öffnung. Er blinzelte,

weil die Helle draußen ihn blendete. Aber seine weit geöffneten Nüstern hatten schon die Witterung der Männer aufgefangen.

Mit einem wütenden Schnauben senkte er den Kopf und warf die Vorderbeine nach vorne. Aber die Türöffnung war so schmal, dass er nicht zu springen vermochte, sondern darin stecken blieb. Keuchend zwängte er seinen Bauch hindurch, und als ihm das gelungen war, schoss er plötzlich ins Freie. Aber in diesem Augenblick flog ihm etwas über den Kopf, legte sich um seinen Hals und schnürte ihm die Luft ab ... Ein Stöhnen kam aus seiner Brust ...

Herakles sprang zurück. Er zog mit seiner ganzen Kraft am Seil und die Schlinge zog sich enger und enger zusammen. Der Stier begann zu röcheln, ein Ausdruck wilder Todesangst trat in seine Augen. Herakles sah, wie seine Beine zitterten, als müsste er gleich zusammenstürzen.

Da ließ er den Strick ein wenig lockerer, ganz wenig nur. Dann ging er langsam auf den Stier zu, der sich nicht rührte und nur in tiefen Zügen Atem holte – unendlich erleichtert, weil er wieder atmen konnte.

Er wehrte sich nicht, als ihm Herakles das Seil um die Hörner wand, und ließ sich ohne Widerstand fortführen. Er fühlte, dass die Hand, die ihn führte, stärker war als er. Sie gelangten bald ans Ufer und Minos nahm Abschied. »Ich danke dir, Herakles«, sagte er ernst. »Und ich bin froh, dass Poseidon mir nicht mehr zürnt. Denn sonst hätte er dich gewiss nicht zu meiner Hilfe gesandt!«

Herakles lachte so laut, dass Minos ihn verdutzt ansah. »Ich fürchte, du irrst dich, König! Dass ich hier bin, verdankst du nur der Zuneigung, die mein Vetter Eurystheus für mich hegt, der mich lieber tot als lebendig sehen möchte! Gehab dich wohl!« Damit musste sich Minos zufriedengeben, obgleich er nicht begriff, was das heißen sollte. Voll Staunen beobachtete er, wie Herakles mit dem Stier ins Meer hinausschritt, immer weiter hinaus . . .

Später sah er, dass sie zu schwimmen begannen.

Eurystheus stand gerade oben an den Zinnen des Turmes, als Herakles vor dem Burgtor erschien mit diesem Stier, der die ganze Insel Kreta in Schrecken versetzt hatte. Er fragte nicht einmal, wie es dem Vetter gelungen war, das rasende Tier zu bändigen, das sich jetzt sanft wie ein Lamm in den Hof führen ließ. Doch Eurystheus misstraute dieser Sanftheit und hütete sich herabzusteigen.

»Bringe ihn in den Zwinger!«, befahl er griesgrämig. »Und morgen magst du ihn töten. Denn wer kann wissen, ob er nicht wieder zu toben beginnen wird.«

»Oh nein«, sagte Herakles, »ich werde ihn nicht töten! Du hast mir aufgetragen, ihn lebend hierher zu bringen, und das habe ich getan! Was verlangst du jetzt von mir?«

Da packte Eurystheus eine fürchterliche Wut. Er hatte es gründlich satt, diesen Vetter nach jedem neuen Abenteuer wieder unversehrt und mit Ruhm bedeckt zurückkehren zu sehen! »Ach – scher dich fort, wohin du willst!«, brüllte er. »Ich will nichts mehr hören von dir und deinen Heldentaten!« Herakles schüttelte vorwurfsvoll den Kopf. »Du weißt, dass ich mich nicht fortscheren kann! Noch habe ich fünf Arbeiten für dich zu verrichten. Das ist der Wille der Götter, dem wir beide gehorchen müssen!«

»Gut!«, sagte Eurystheus zähneknirschend. »So bringe mir die Stuten des Diomedes! Sie zerreißen zwar jeden, der ihnen nahe kommt! Aber dir werden sie gewiss die Hände lecken!« Herakles nickte. »Du sollst die Stuten haben! Ich werde mich morgen sogleich auf den Weg machen! Glaube mir, es wird der schönste Tag meines Lebens sein, wenn ich endlich deinen letzten Auftrag erfüllt habe!«

Er führte den Stier in den Bärenzwinger, nahm ihm das Seil ab und holte Heu und Wasser für ihn.

Dann verließ er den Zwinger, legte den Riegel vor das Tor, holte seine Waffen und ging fort. –

Der Stier ließ alles ruhig geschehen, solange er Herakles sehen konnte.

Aber mitten in der Nacht, als jedermann in der Burg längst schlief, brach ein furchtbares Getöse los. Die Tür des Zwingers zerbarst mit einem Krach, der Stier raste über den Hof – das Burgtor flog in Trümmer und dann war er in der Dunkelheit verschwunden. Von da an durchirrte er das Land von Lakonien bis Arkadien, wanderte über die Enge von Korinth bis in die Ebene von Marathon und richtete allenthalben Unheil an.

Einmal dann kam Theseus, einer der größten Helden der Achaier, in die Gegend, erschlug den Stier und opferte ihn dem Gott Apollon.

Die Rosse des Diomedes

Herakles näherte sich der Stadt der Bistonen mit großer Vorsicht. Er hatte allerlei über dieses Volk und dessen König Diomedes gehört. Die Bistonen waren die wildesten Krieger zwischen den beiden Meeren im Süden und im Osten und sie hatten die schönsten Pferde, hieß es. Sie duldeten keine Fremden in Thrakien, und wenn es einer wagte, ihre Stadt zu betreten, dann erschlugen sie ihn oder warfen ihn gebunden den Rossen vor, die ihn alsbald zerrissen: Denn sie waren ebenso wild wie ihre Herren. Ein wenig entfernt von der Stadt erhob sich ein Hügel, von dem man weit umhersehen konnte. Herakles stieg hinauf. Rings um die Mauern lagen weite Weidegründe, sah er, und eine Menge Pferde tummelten sich darauf; auch schöne gemauerte Ställe waren da und er dachte, dass die Bistonen ihre berühmten Rosse gewiss mit besonderer Sorgfalt pflegten.

Zu dieser Zeit besaß König Diomedes unter seinen Herden zwei Stuten, von denen man sagte, schönere Pferde als sie habe es noch niemals gegeben, auch bei den Bistonen nicht. Aber man nannte sie »die männermordenden Stuten«, weil sie so entsetzlich wild waren, dass niemand als Diomedes selbst sich in ihre Nähe wagte. Man musste sie mit ehernen Ketten an ihre steinernen Futterkrippen fesseln und ihr Weideplatz war von hohen Mauern umgeben. Sie waren kohlschwarz, nur auf der Stirne und über jedem Huf hatten sie einen weißen Fleck.

Niemand, außer ihrem Herrn, konnte sie unterscheiden, so sehr glichen sie einander.

Ja, das alles hatte Herakles unterwegs erfahren. Und diese

beiden Stuten sollte er also Eurystheus bringen. Es fiel ihm ein, mit welcher Lust er als Jüngling wilde Pferde gebändigt hatte. Warum sollte es ihm diesmal nicht gelingen?

Während er aufmerksam umherspähte, fiel ihm auf, dass die Hirten, die langsam am Rande der Weiden entlangritten, gepanzert und bewaffnet waren, als müssten sie jeden Augenblick zum Kampfe bereit sein.

Sie fürchten, dass ihre kostbaren Pferde geraubt werden! Auch sind es sehr viele, dachte Herakles besorgt. Ich bin nur neugierig, wie ich da an die schwarzen Stuten herankommen soll! Er sah auch, dass auf Türmen und Mauern Wächter standen, den Bogen über der Schulter und den Köcher am Gürtel. Nicht weit entfernt von der Stadtmauer aber lag, durch einen hohen Zaun von den anderen Wiesen getrennt, ein kleiner Rasenplatz, auf dem zwei Pferde weideten.

Herakles konnte sie nicht deutlich sehen, aber sie waren kohlschwarz und er zweifelte keinen Augenblick, dass es die beiden Stuten waren, die er nach Mykene bringen musste. Er begann, den Hügel hinabzusteigen, obgleich er noch immer keine Ahnung hatte, wie er seinen Auftrag ausführen sollte. Zu seinem Glück war der Hang mit dichtem Gesträuch bewachsen und ein klarer Bach floss an seinem Fuß entlang. Im Schutz der Uferbüsche näherte sich Herakles behutsam den Weiden und der Stadt.

Plötzlich hielt er an und schlüpfte blitzschnell unter die Sträucher. Nicht weit von ihm hatte sich eines der Tore in der Stadtmauer geöffnet. Ein einzelner Reiter kam heraus.

Von seinem Helm wehte ein weißer Rossschweif und seine Rüstung funkelte in der Sonne wie Gold.

Diomedes! Das muss Diomedes sein!, dachte Herakles und musterte den großen König neugierig.

Und mit einem Mal drängte es ihn, dieses Abenteuer, in das er nun einmal verstrickt war, schnell zu Ende zu bringen – mochte es gehen, wie es wollte!

Noch hatte ihn niemand bemerkt. Aber als er jetzt aus den Büschen trat, war Diomedes kaum zehn Schritte von ihm entfernt und sah ihn sogleich. Er warf sein Pferd herum und seine Hand griff nach dem Schwert.

»Wer bist du und was hast du hier zu suchen, Fremder?«, fragte er barsch.

»Sei gegrüßt, König Diomedes!«, sagte Herakles und blickte neugierig zu ihm hinauf. Er brauchte gar nicht weit hinaufzusehen, obgleich der König zu Pferde saß.

Diomedes stutzte. »Du kennst mich?« Plötzlich beugte er sich vor und starrte Herakles stirnrunzelnd an. »Du – du bist doch Herakles?«, stieß er verblüfft hervor. »Bei den Göttern, ich habe mir oft gewünscht, dir zu begegnen – obgleich das Orakel mir verkündet hat, du würdest einmal kommen, um mir meine Lieblingspferde zu rauben!«, fügte er mit einem spöttischen Lachen hinzu. »Das Orakel hat die Wahrheit gesagt, König!«, antwortete Herakles ruhig.

»Was?«, schrie Diomedes wütend. »Du musst den Verstand verloren haben! Hast du nicht gesehen, wie viele Bewaffnete meine Herden bewachen! Du wirst zugeben müssen, dass es selbst für dich unmöglich ist, ihnen zu entkommen! Sie haben Befehl, jeden Fremden zu töten!« Ein tückisches Funkeln trat in seine Augen. »Und wünsche dir ja nicht, dass sie dich lebend fangen!«, fuhr er fast leise fort.

»Denn wir werfen die Gefangenen den wildesten Pferden vor!«

Herakles zuckte die Achseln. »Ich habe gehört, dass die Bistonen schlimmer sind als die Wölfe. Aber wenn ich dir schon nicht entrinnen kann und sterben muss, solltest du mir vorher wenigstens noch einen Wunsch erfüllen: Zeige mir deine Lieblingspferde, die so berühmt sind, dass man in ganz Achaia von ihnen spricht!«

Das düstere Gesicht des Königs hellte sich auf: Denn es gab nichts, worauf er so stolz war und was er so liebte wie diese Pferde. »Komm mit mir!«, befahl er.

Während Herakles ihm zu dem Gehege folgte, in dem sich die beiden Stuten befanden, dachte er hastig nach. Er wusste, was er da tat, war sehr gefährlich. Aber einen anderen Ausweg gab es nicht. Er blickte sich verstohlen um. Die Hirten, die zuvor am Rande der Weiden gewacht hatten, waren jetzt von allen Seiten näher gekommen. Sie hielten ringsum in einem großen Kreis und hatten ihre Bogen gespannt, den Pfeil auf der Sehne. Noch warteten sie. Aber der König brauchte ihnen nur ein Zeichen zu geben . . .

Diomedes wandte sich zu Herakles zurück und wies auf einen Wagen, der neben dem Zaun stand. »Sieh dir diesen Kampfwagen an! Er ist dreimal so schwer wie andere und die ehernen Räder sind so kunstvoll geschmiedet, dass sie nicht brechen können. Ich habe diesen Wagen eigens für die beiden Stuten bauen lassen; jeden anderen würden sie zerreißen, denn sie sind auch dreimal so stark wie andere Pferde.«

»Und dreimal so schön!«, stieß Herakles atemlos hervor. Sie hielten jetzt am Tor des Geheges und drinnen standen die schwarzen Stuten, hatten ihnen die Köpfe zugekehrt und blickten aus großen glänzenden Augen herüber, die Ohren steil aufgerichtet, die roten Nüstern witternd geöffnet – und sie waren wirklich so schön, dass Herakles sie nur stumm und entzückt anstarrte. Diomedes beobachtete ihn mit Befriedigung. »Nun – habe ich dir zu viel gesagt?«, fragte er. »Und sie gehorchen nur mir!«, fuhr er voll Stolz fort. »Sollte es jemand wagen, sie anzurühren, so würden ihre Zähne ihn zerfleischen! Aber es gibt niemanden, der es wagen würde!«

Herakles tat einen tiefen Atemzug: Nun begann sein Spiel. Wenn es misslang . . .

»Das glaube ich nicht, König!«, sagte er langsam und legte eine leise Verachtung in seine Stimme. »Ich glaube dir nicht, dass die Stuten keinem anderen gehorchen! Und ich bin sicher, dass es Männer gibt, die sie bändigen könnten!«

Diomedes fuhr auf, sein Gesicht war rot vor Zorn. Einen Augenblick sah es aus, als wollte er Herakles niederschlagen. Aber plötzlich stutzte er, als sei ihm ein sonderbarer Gedanke gekommen. »Hör zu!«, begann er ein wenig zögernd. »Was du da gesagt hast, macht mich lachen! Aber da du Herakles bist und damit du siehst, wie sicher ich mir bin, will ich dir etwas erlauben, das ich keinem anderen Mann erlauben würde. Ich werde die Stuten an diesen Wagen spannen und du sollst sie zwölfmal um die Stadtmauer lenken! Gelingt es dir, so magst du sie behalten: Denn wenn sie einem anderen gehorchen, haben sie für mich keinen Wert mehr.«

Herakles gab sich Mühe, seine Freude zu verbergen. Aber Diomedes mochte wohl in seinem Gesicht gelesen haben. »Du brauchst dich nicht zu freuen«, sagte er und schüttelte fast mitleidig den Kopf. »Denn es wird dir nicht gelingen. Entweder wirst du mit gebrochenem Genick irgendwo an der Mauer liegen oder die Räder werden dich zermalmen!« »Große Worte, König!«, sagte Herakles. »Ich wette mit dir, dass deine kostbaren Stuten mir wie Lämmer folgen werden! Ich setze mein Leben gegen deine Pferde!«

»Du weißt, dass dein Leben nichts mehr wert ist!«, antwortete Diomedes zornig. »Aber da es mir gleichgültig ist, auf welche Weise du stirbst, mag die Wette meinetwegen gelten!« – »So schwörst du mir, dass die Stuten mir gehören, wenn ich sie zwölfmal um die Stadt gelenkt habe?«, fragte Herakles gespannt. »Du bist ein Narr!«, lachte Diomedes. »Aber ich will es dir gerne schwören! Denn ein toter Mann braucht keine Pferde mehr!« Er stieg ab, band seinen Hengst an den Zaun und öffnete das Tor des Geheges.

Neugierig sah Herakles zu, wie er den schönen Tieren die Zügel anlegte, während er leise und zärtlich zu ihnen redete. Sie schienen so ruhig und sanft, als könnte sie jeder halbwüchsige Knabe lenken.

Aber gleich darauf wurde Herakles eines Besseren belehrt. Er stand neben dem Tor, als Diomedes die Stuten herausführte. Die eine von ihnen kam so nahe an ihm vorüber, dass sie ihn fast streifte. Gerade noch im letzten Augenblick sah er, wie sie die Ohren flach an den Kopf legte, während ihre Augen vor Wut zu schillern begannen.

Er sprang flink zurück, als sie mit gefletschten Zähnen auf ihn losfuhr.

»Jaja«, sagte Diomedes spöttisch, »sie lieben Fremde genauso wenig wie wir!«

Er spannte die Pferde vor den Wagen und warf den starken geflochtenen Zügel über die Vorderwand.

»Steig auf!«, sagte er, während er den Tieren, die jetzt sehr unruhig geworden waren, die Köpfe hielt.

Herakles legte seine Waffen auf den Wagen, ergriff den Zügel und sprang auf.

Diomedes ließ die Pferde los und warf sich blitzschnell zur Seite . . . Die Stuten schnellten vorwärts. Sie fühlten die fremde Hand und das machte sie toll. Noch nie hatten sie eine fremde Hand geduldet! Schnaubend, mit wilden Augen und Schaumflocken vor dem Maul, rasten sie davon. Sie mochten wohl schon oft um die Stadt gejagt sein, wenn Diomedes sich an ihrer Kraft und Schönheit erfreuen wollte. Herakles konnte die Räderspuren deutlich sehen. Aber diesmal war es anders: Und für ihn ging es um Leben oder Tod, das wusste er vom ersten Augenblick an.

Er stand auf dem Wagen, die Beine gegen den Boden gestemmt, weit zurückgebeugt, die Zügel straff in den Fäusten. Er zog sie mit aller Kraft an sich, aber diese entsetzlichen Pferde kümmerten sich nicht im Geringsten darum!

Herakles biss die Zähne zusammen. Er brauchte seine ganze Geschicklichkeit, um nicht vom Wagen zu stürzen!

Die Stuten schienen ein schreckliches Spiel mit ihm zu treiben. Sie sprangen vor, sie prallten zurück, um im nächsten Augenblick einen wilden Satz zur Seite zu tun, sodass der Wagen krachend an die Mauer schleuderte.

Wie in einem Nebel sah Herakles, dass sie jetzt die Stadt einmal umrundet hatten. Er sah Diomedes, der am Zaun lehnte und lachte, lachte . . . Vorüber!

Zweite Runde ... Sie jagten in einer Staubwolke dahin, der Staub drang ihm in die Augen und das Haar flog ihm wie eine wirre Mähne um den Kopf. Jedes Mal, wenn der Wagen an die Mauer krachte, meinte er, sein Ende sei gekommen. Er stand längst nicht mehr, sondern kauerte hinter der Wand, klammerte sich fest und versuchte, die Stöße aufzufangen, so gut es ging.

Als sie zum dritten Mal an Diomedes vorüberrasten, lachte er immer noch.

Auch die Hirten, die wie eherne Standbilder auf ihren Pferden saßen, lachten.

Alle lachten sie über ihn, weil er so armselig und hilflos da auf dem Wagen hockte und fortgerissen wurde, wie es diesem fürchterlichen Gespann gefiel ...

Da packte ihn plötzlich die wohlbekannte Wut seiner frühen Jahre. Oh nein, sie sollten nicht mehr lachen!
Im nächsten Augenblick stand er wieder aufrecht.

Er hatte keine Zeit nachzudenken, wie er diese schrecklichen Tiere bändigen konnte. Aber es musste wohl sein, dass ihm das Wissen im Blut lag und dass er darum genau das Richtige tat. Er rief die Pferde leise an und ließ die Zügel ein wenig locker. Er merkte, wie sie stutzten. Sie hätten jetzt ausbrechen können, aber sie taten es nicht. Genau in der alten Spur liefen sie weiter.

Sie waren unterdessen wieder zweimal um die Mauer gejagt und wieder kamen sie an Diomedes vorüber.

Aber diesmal lachte er nicht mehr. Mit offenem Mund starrte er die Pferde an: Zwar rasten sie noch immer dahin, als säße ihnen ein Dämon im Genick; aber ihre Bewegungen waren jetzt schön und gleichmäßig, die Ohren steil aufgerichtet und ein sanftes Feuer glühte in ihren Augen.

So sahen sie gewiss aus, wenn sie bei Wettrennen als Sieger ins Ziel jagten!, dachte Herakles entzückt. Er wusste, dass er gewonnen hatte! Und – bei den Göttern – er empfand keine geringe Erleichterung darüber.

Siebenmal . . . achtmal um die Mauern! Im Vorüberrasen warf er einen Blick in das Gesicht des Königs – es war verzerrt vor Angst und Wut.

Neunmal . . . Diomedes schrie etwas und warf den Arm in die Luft, als wollte er die Pferde aufhalten, aber er musste schleunigst zurückspringen, um nicht unter die Hufe zu geraten. Die Hirten waren jetzt näher herangekommen, sah Herakles. Sie schienen verwirrt und ratlos und sie bedeuteten eine neue Gefahr. Wenn Diomedes es befahl, würden in einem Augenblick hundert Pfeile losschwirren und einige würden gewiss treffen. Aber Diomedes gab keinen Befehl; denn leicht konnten die Geschosse die kostbaren Pferde verwunden! Da begann die elfte Runde. Wenn die zwölfte vorüber war, gehörten die Stuten Herakles!

Diomedes brüllte auf. Nein, das durfte nicht geschehen! Verzweiflung packte ihn und raubte ihm jede Besinnung.

Und als der Wagen zum zwölften Mal auf ihn zujagte, rannte er ihm entgegen, um den Pferden in den Zügeln zu fallen.

Sie konnten nicht mehr anhalten. Ihre Hufe und die ehernen Räder gingen über ihn hinweg. –

Der Wagen raste über die Weiden hinab.

Herakles ließ die Zügel über die Pferderücken schleifen.

Mochten die Tiere laufen, wohin sie wollten – nur schnell fort von hier!

Hinter ihm erscholl das Geschrei der Hirten. Hufschlag dröhnte, Pfeile schwirrten ihm um den Kopf.

Aber es gab kein Pferd, das so schnell war wie die schwarzen Stuten!

Allmählich wurde es still.

Die Stuten liefen und liefen, es schien, als könnten sie niemals müde werden. Sie liefen den Tag und die Nacht hindurch und noch einmal Tag und Nacht. –

Eurystheus sagte nichts, als Herakles mit seinem Gespann im Hof der Burg Tiryns stand. Mit finsterem Gesicht ging er um die Pferde herum. Wahrhaftig, niemals hatte ein Fürst Pferde besessen wie diese!

Wie würde man ihn beneiden!

Aber da war neben seinem Stolz noch etwas anderes.

Bis zu diesem Tage hatten ihm die Arbeiten, die er Herakles auftrug, nur Ärger und Sorgen eingebracht!

Die Stier von Kreta setzte jetzt sein eigenes Land in Schrecken, die kerynitische Hirschkuh trieb ihr Unwesen unter seinen eigenen Herden, und was den Eber betraf, so war er zwar noch sicher im Zwinger eingeschlossen, aber dem König waren schon ein paar Knechte entlaufen, seit das wütende Tier einem von ihnen, der den Zwinger reinigen sollte, den Schenkel von unten bis oben aufgeschlitzt hatte.

Darum war Eurystheus recht sorgenvoll zumute, während er die herrlichen Pferde betrachtete. Was für ein Unglück würden sie wohl mit sich bringen?

Aber plötzlich kam ihm ein schlauer Einfall. »Ich werde die

Pferde der Göttin Hera weihen!«, sagte er laut und frohlockend. »Sie sind ein würdiges Geschenk an die Unsterblichen!« Heimlich aber dachte er: So kann ich sie behalten und die Göttin muss wohl oder übel dafür sorgen, dass ihre Rosse kein Unheil anrichten! Das schien ihm ein so guter Ausweg, dass er ganz fröhlich wurde. Er wandte sich Herakles zu.

»Ja, nun hast du nicht mehr viel für mich zu tun«, sagte er mit herablassender Freundlichkeit. »Für jetzt nur dies: Meine Tochter wünscht sich das goldene Wehrgehänge der Amazonenkönigin Hippolyta. Das sollst du ihr beschaffen. Es ist zwar eine weite Reise und die streitbaren Frauen sind den Männern feindlich gesonnen. Aber du wirst gewiss leichtes Spiel mit ihnen haben – und ich – ich brauche dich eine Weile nicht zu sehen! Du weißt, dass mich das keine Träne kosten wird!«

Herakles bei den Amazonen

Über all den Wanderungen, Kämpfen und Abenteuern war viel Zeit vergangen.

Zuweilen kehrte Herakles für eine kurze Zeit heim nach Theben. Sein Ruhm war jetzt so groß geworden, dass von weit her Krieger kamen, um ihn zu sehen. Erfuhren sie dann, dass er vorhatte, zu einem neuen Abenteuer auszuziehen, bot ihm mancher junge Held voll Eifer an, ihn zu begleiten. So geschah es auch diesmal.

Und weil Herakles seine Reise ins Land der Amazonen ein wenig seltsam schien, meinte er, es sei gar nicht übel, einige Gefährten bei sich zu haben.

Er hatte oft von diesen kriegerischen Frauen gehört, die ihre Männer fortzujagen pflegten, wenn es ihnen gefiel, selber Jagd und Fischfang trieben, Raubgesindel ausrotteten und wie Männer kämpften, wenn es Krieg mit anderen Stämmen gab.

Die jungen Krieger lachten ein wenig darüber und meinten, das sollte ein vergnügliches Abenteuer werden.

Und eines Morgens begaben sie sich fröhlich und wohlbewaffnet auf die Fahrt. Sie wussten, es stand ihnen eine lange Reise bevor.

Denn die Amazonen bewohnten die Landschaft Pontos südlich des Schwarzen Meeres und ihre Hauptstadt lag an der Mündung des Flusses Thermodon.

Die Männer ritten von Theben ostwärts, bis sie an die Küste kamen.

»Ich kenne einen Schiffer, der eine starke Galeere besitzt

und die Meere ringsum schon viel befahren hat«, sagte Herakles zu seinen Gefährten. »Er wird uns sicher in das Land der Amazonen bringen. Die Zeit der Stürme ist vorüber und ich habe Poseidon einen schwarzen und einen weißen Widder geopfert. So mag er uns wohl eine ruhige Fahrt vergönnen.« –

Sie fuhren viele Tage lang gen Osten, vorüber an der großen Insel Lemnos und durch die Meeresstraße, an deren Eingang landeinwärts die herrliche reiche Stadt Troja lag. Nachdem sie abermals ein Meer und eine Wasserstraße durchfahren hatten, segelten sie an der Küste entlang bis zur Mündung des Flusses Thermodon.

Am Ufer zog sich ein Streifen flachen Landes entlang, landeinwärts wurde die Gegend hügelig und in der Ferne ragten dunkle zerklüftete Berge gen Himmel. Auf einem der Hügel aber lag eine Stadt und die Männer sahen mit einiger Verwunderung, dass es eine sehr feste Stadt war. Die Mauern zogen sich den flachen Hang hinab bis an das Wasser und unten befand sich ein gut ausgebauter Hafen, in dem allerlei Boote und Schiffe lagen. Herakles stand mit seinen Gefährten an der Brüstung, während die Galeere langsam den Fluss hinauffuhr.

»Ich möchte gerne wissen, ob sie uns erlauben werden, in ihren Hafen einzufahren«, sagte er nachdenklich. »Da wir ja nicht als Feinde kommen . . .«

Der Schiffer lachte. »Aber ihr seid Männer! Und wenn sie können, werden sie euch schleunigst wieder aus dem Lande jagen! Ich rate dir, gar nicht erst lange zu fragen, sondern einfach im Hafen anzulegen. Dann müsst ihr eben sehen, was geschieht!« Die anderen spendeten ihm Beifall und auch Herakles meinte schließlich, es wäre wohl so am besten.

»Aber seid auf der Hut und haltet eure Waffen bereit«, warnte er. Neugierig sahen die Männer zu, wie sich das Schiff nach der linken Seite drehte und auf die Hafeneinfahrt zufuhr. Aber Herakles hatte noch etwas anderes gesehen. Am Ufer entlang führte ein Pfad und halb verdeckt vom Gebüsch kam eine Reiterschar am Fluss herauf. Er beobachtete sie sehr aufmerksam. Ja, das Abenteuer begann. Denn das waren keine Krieger – es waren Frauen, prächtig gerüstet, ein wenig zu prächtig sogar, meinte er lächelnd. Ihre Helme und Harnische blitzten wie eitel Gold, an kunstreich verzierten Gürteln trugen sie goldene Köcher und über der Schulter silberne Bogen; die Schilde waren mit Bildwerk geschmückt und die Pferde mit purpurnen Decken und funkelndem Zierrat behangen. Frauen liebten nun einmal dergleichen, dachte Herakles, selbst wenn sie sich so kriegerisch gebärdeten wie diese hier.

»Seht ihr? Die Amazonen kommen schon, um uns zu empfangen!«, sagte er und starrte immer noch verblüfft den herrlichen Zug an, der jetzt auf die Hafenmauer zuritt, immer in der gleichen Entfernung vom Schiff. Die Gefährten hatten sich unterdessen alle auf dem Deck versammelt.

»Sie beobachten uns gewiss schon lange!«, meinte einer. »Und es sollte mich wundern, wenn nicht sehr bald etwas geschieht! Ich rate euch, nehmt die Schilde zur Hand!«

Er hatte kaum ausgesprochen, da erscholl ein heller Hornruf und im Handumdrehen tauchten ringsum auf der Hafenmauer kriegerische Gestalten auf, eine neben der anderen. Ein zweiter Hornruf – Hunderte von silbernen Bogen spannten sich und im nächsten Augenblick flog eine Welle von blitzenden Pfeilen auf das Schiff zu, das jetzt nur ein paar Armlängen von der Mauer entfernt war und fast still lag.

Die Männer hatten die Schilde in die Höhe gerissen. Aber sie merkten verdutzt, dass die Pfeile gar nicht auf sie gezielt waren, sondern dicht um das Schiff kraftlos ins Wasser fielen. Was für ein Spiel trieben die Frauen mit ihnen? Mittlerweile hatte auch die Reiterschar den Hafen erreicht. Die Frau, die an ihrer Spitze ritt, trieb ihr Pferd an. Es stand mit einem einzigen gewaltigen Sprung auf der Mauer, sodass die Männer auf dem Schiff vor Staunen den Atem anhielten. Sie starrten die Frau auf dem weißen Hengst an. Beim Gürtel der Aphrodite, keiner von ihnen hatte je eine schönere Frau gesehen! Aber sie ließ ihnen nicht viel Zeit zum Wundern!

»Hört mich, ihr Fremdlinge!«, rief sie und ihre Stimme klang so ernst, dass es auf dem Deck sogleich totenstill wurde. »Dies war nur eine Warnung!«, fuhr sie fort. »Aber ich befehle euch, augenblicklich unser Land zu verlassen – oder das Reich der Schatten wird sich für euch alle auftun! Seht euch um! Keiner von euch würde auch nur diese Mauer erreichen: Er wäre vorher von hundert Pfeilen durchbohrt!«

»Das will ich erst sehen!«, murmelte Herakles, dem diese Drohung nicht gefiel – schon gar nicht, weil sie von einer Frau kam! Ei, was bildete sich diese hochmütige Amazonenkönigin ein! Im nächsten Augenblick sprang er. Er sah das Wasser unter sich blinken . . . und wieder einen Augenblick später stand er drüben neben dem weißen Hengst auf der Mauer. Es sah alles ganz mühelos aus. Aber die Amazonen schrien vor Schreck und Überraschung auf.

Nur die Königin rührte sich nicht. Sie war nicht einmal zusammengezuckt, als der große Fremdling plötzlich neben ihr stand.

Sie blickte auf ihn herab, ihre Augen waren grau wie das Meer. »Du wagst sehr viel!«, sagte sie kühl.

»Nicht mehr als mein Leben, Königin!«, antwortete Herakles. »Und das habe ich schon oft gewagt.« Er wusste gar nicht, dass er ihr immerfort wie verzaubert ins Gesicht blickte, während er redete.

Sie aber merkte es wohl und wandte unwillig den Kopf zur Seite. Was fiel diesem Fremden ein, sie so anzusehen? Hatte er nie gehört, dass die Amazonen Männer hassten? Er tat genauso, als wäre sie eine ganz gewöhnliche Frau!

»Aber siehst du«, fuhr er fort, »ich glaube gar nicht, dass ich mein Leben wage! Ich bin mit meinen Gefährten in euer Land gekommen, weil ich dich um etwas bitten muss. Und darum wirst du uns doch nicht töten lassen!«

Sie hörte mit immer größerer Verwunderung zu. Was hatte es nur mit diesem Fremdling auf sich? Er war groß und schön und er musste riesige Kräfte besitzen . . . Die Königin fühlte sich sehr verwirrt.

»Und worum willst du mich bitten?«, fragte sie endlich fast gegen ihren Willen. Sie war aber jetzt neugierig geworden. Und plötzlich merkte sie zu ihrem Schrecken, dass ihr dieser große Mann im Löwenfell gefiel!

Wie konnte ihr das geschehen – ihr, der Königin der Amazonen, die alle Männer verachtete!

Herakles streckte die Hand aus und deutete auf das kostbare Wehrgehänge, das sie trug.

»Ich weiß, es ist der herrlichste Schmuck, den es in Achaia

und auf den Inseln gibt!«, sagte er. »Ich selbst gebe zwar nichts auf so etwas! Aber mein Vetter Eurystheus hat mir befohlen, dein Wehrgehänge für seine Tochter zu holen. Also bitte ich dich, es mir zu geben!«

Fast hätte die Königin vor lauter Verblüffung nach Luft geschnappt. »Du musst wahrhaftig närrisch sein!«, stieß sie hervor.

»Ich könnte nämlich sonst den Befehl der Götter nicht ausführen!«, fuhr er aber unbeirrt fort. »Es ist ihr Wille, dass ich zwölf Arbeiten für Eurystheus verrichte, und dies ist die neunte.« Es wurde der jungen Königin Hippolyta immer sonderbarer zumute, während er so zutraulich redete, und sie hätte ihm gerne immer weiter zugehört.

Aber ein leiser Ruf schreckte sie auf. Melanippe, die Führerin der Amazonen, die mit ihr gekommen war, hatte ihr Pferd dicht an die Mauer gedrängt. »Was tust du, Königin?«, fragte sie zornig. »Willst du uns nicht endlich befehlen, diesen Unverschämten in Ketten zu legen und seine Gefährten mit unseren Pfeilen zu durchlöchern? Seit wann machen die Amazonen so viel Federlesens mit Männern?«

Hippolyta sah um sich, als erwache sie aus einem Traum. Sie wusste, Melanippe hatte recht: Die Königin der Amazonen durfte nicht leben wie andere Frauen . . .

Aber sie würde nicht dulden, dass diesem Fremdling ein Leid geschah! Hastig dachte sie nach. Ich muss Zeit gewinnen! Heute soll er in meinem Palast bleiben und in Sicherheit sein. Und bis morgen muss ich einen Ausweg gefunden haben, um ihn zu retten.

Sie sah, dass die Amazonen, die noch immer mit gespanntem Bogen auf der Mauer standen, verwirrt und ratlos zu ihr herüberblickten.

»Schicke sie fort, Melanippe!«, befahl sie. »Sie brauchen heute Nacht nicht am Hafen zu wachen! Sage den Männern auf dem Schiff, dass sie an Land gehen können. Sie mögen ihre Zelte aufstellen und ruhig schlafen. Du bürgst mir für ihre Sicherheit! Ihren Anführer will ich mit mir in den Palast nehmen! Er soll mir von den fremden Ländern erzählen, die wir nie gesehen haben. Vielleicht ist es eines Tages wichtig für uns. Morgen werde ich euch sagen, was mit ihm und den anderen zu geschehen hat!«

Melanippe starrte sie an. »Was soll das bedeuten?«, fragte sie misstrauisch.

Hippolyta schüttelte den Kopf. »Nichts, Melanippe!«, sagte sie und es klang so traurig, dass der Führerin der Amazonen ein seltsamer Verdacht kam.

Ihr Gesicht war sehr finster, während sie der Königin und Herakles nachblickte. »Wenn dieser fremde Krieger unserer Königin etwa allzu gut gefällt, dann werde ich schon dafür sorgen, dass das Gesetz des Amazonenreiches nicht gebrochen wird!«, sagte sie zu sich und beschloss, noch in dieser Nacht zu handeln.

Es blieb jedoch danach für die tapfere Melanippe nicht sehr viel zu tun; denn in dieser Nacht hatte noch jemand beschlossen zu handeln, und das war niemand Geringerer als die erhabene Göttin Hera. Sie hatte seit Langem voll Ingrimm beobachtet, wie Herakles ein Abenteuer nach dem anderen bestand und wie sein Ruhm immer noch wuchs. Jetzt war er auch bald seiner Pflichten gegenüber Eurystheus ledig, dachte sie missmutig, während sie den goldenen Wagen mit den windschnellen Rossen in der Höhe oben über die Stadt der Amazonen lenkte, um zu erkunden, was unten geschah.

Plötzlich stutzte sie. Sie hatte das Schiff der Achaier gesehen, auch die jungen Krieger, die gerade am Flussufer ihre Zelte errichteten – und dann erblickte sie Herakles. Er führte den weißen Hengst der Amazonenkönigin am Zügel, und während Hera noch verblüfft hinabstarrte, verschwanden die beiden im Palast. Hera schüttelte den Kopf. Was fiel der schönen Hippolyta ein? Noch nie hatte ein Mann den Palast der Amazonenkönigin betreten, das wusste sie genau.

Aber Herakles gelang wohl alles, was sonst keinem gelungen wäre!

Freilich – da waren immer noch die Amazonen! Sie konnten es nicht dulden, dass ihre Königin selbst das Gesetz brach! In diesem Augenblick durchfuhr sie ein schlauer Gedanke.

Sie jagte ihre Rosse in sausendem Flug abwärts auf die Stadt zu. Es war derweil Nacht geworden, aber in den Gassen und auf dem Marktplatz herrschte noch große Unruhe. Niemand konnte den goldenen Wagen sehen, der draußen vor den Mauern einen Augenblick anhielt. Hera betrat ungesehen durch eines der Tore die Stadt. Als sie gleich darauf aus der dunklen Gasse hinter dem Palast auftauchte, hatte sie die Gestalt einer alten Amazone angenommen, die Prothoe hieß. Alle kannten sie, denn sie war einst eine berühmte Kämpferin gewesen. Jetzt bewohnte sie eine Kammer im Palast und kam nur noch selten in die Stadt.

Hera schlurfte gebückt, wie alte Leute tun, zum Marktplatz, wo viele Amazonen noch in ihren silbernen Rüstungen beieinanderstanden und verwirrt und sorgenvoll über das Unbegreifliche redeten, das geschehen war.

Hera ging unter ihnen umher und alsbald riefen sie die Frauen an. »He, Prothoe, wagst du dich in der Dunkelheit ins Freie? Die feuchte Nachtluft ist nicht gut für dich, du weißt es! Deine Gelenke werden wieder anschwellen und zu schmerzen beginnen!«

»Das tut nichts!«, sagte Hera. »Ich muss euch etwas sagen. Der große fremde Krieger, den sie Herakles nennen, ist gekommen, um die Königin zu entführen! Ich habe mich zu den Zelten hinabgeschlichen und gehört, wie die Männer davon redeten! Ihr müsst es verhindern! Nehmt die Fremden gefangen und fesselt ihren Anführer mit Ketten, die er nicht zerreißen kann. Er ist entsetzlich stark! Aber da ihr in einer vielfachen Überzahl seid, wird es euch gewiss gelingen, ein Dutzend Männer zu besiegen!« Vielstimmiges zorniges Geschrei antwortete ihr. Denn Melanippe hatte ganz ähnlich zu ihnen geredet und so zweifelten die Amazonen keinen Augenblick, dass es die Wahrheit war. Von da an ging alles sehr schnell. Niemand merkte, dass die alte Prothoe plötzlich verschwunden war. Man hielt einen kurzen Kriegsrat, dann stieg ein Teil der Kriegerinnen lautlos den Hang hinab zu den Zelten.

»Die Fremden werden sorglos schlafen, weil die Königin ihnen Sicherheit versprochen hat – so werdet ihr leichtes Spiel haben!«, hatte Melanippe gesagt. »Nehmt nur die Schwerter mit euch! Pfeil und Bogen würden euch in der Dunkelheit nichts nützen!« Sie selbst begab sich mit den Übrigen ebenso lautlos zum Palast. Im Handumdrehen waren alle Tore besetzt. Die Amazonen durften den Palast nicht betreten. Nur Melanippe war es erlaubt. Sie zog das Schwert und rief leise nach den Wächterinnen, die auf dem niedrigen Torturm standen. »Öffnet!«, befahl sie. »Ich muss zur Königin!«

Aber im selben Augenblick fuhr sie mit einem zornigen Ausruf herum: Unten bei den Zelten brach plötzlich wildes Kampfgetöse los, Geschrei und Waffenklirren . . .

Melanippe wusste sogleich, was das bedeutete: Die Fremden hatten keineswegs geschlafen und der Überfall war missglückt! Was sollte sie jetzt tun? Den anderen unten zu Hilfe eilen oder warten, bis Herakles kam, der den Kampfeslärm gewiss gehört hatte . . .

Sie brauchte nicht zu warten. Denn jetzt flog das Tor des Palastes auf und Herakles stand da, das blanke Schwert in der Faust. Die Frauen wichen erschrocken vor der gewaltigen drohenden Gestalt zurück. Nur eine nicht.

Melanippe schnellte auf ihn zu mit einem Sprung wie eine zornige Tigerin.

Und jetzt hatte Herakles alle Hände voll zu tun, um ihre blitzschnellen Schläge aufzufangen. Sie war stark und tapfer und verstand zu kämpfen! Dennoch endete dieser Kampf, wie er enden musste. Irgendeinmal schlug ihr Herakles mit einem furchtbaren Hieb das Schwert aus der Hand und fesselte sie mit ihrem eigenen Gürtel, obgleich sie biss und kratzte und mit den Füßen nach ihm stieß.

Die Amazonen standen unschlüssig da, weil sie nicht wussten, ob sie Melanippe beistehen sollten oder ob Herakles ihre Anführerin dann sogleich töten würde.

Herakles lauschte einen Augenblick hinab zu den Zelten.

Aber unten war das Getöse jetzt verstummt und er hörte die Stimmen seiner Gefährten, die sich schnell näherten. Da wandte er sich den Amazonen zu.

»Hört zu!«, sagte er barsch. »Ich mag nicht gegen Frauen kämpfen! Zwingt ihr mich aber dazu, dann werden viele von euch sterben! Seht ihr? Dort kommen meine Krieger und sie haben auch eure anderen Führerinnen gefangen. Ich rate euch: Geht heim und lasst uns in Frieden, es ist besser für euch!« Unterdessen waren die Gefährten mit ihren Gefangenen herangekommen. Herakles musterte sie schnell und nickte zufrieden: Sie waren alle unverwundet.

»Wir gehen zur Königin!«, sagte er und schob Melanippe vor sich her durchs Tor. Die anderen folgten ihm. Hippolyta saß in ihrem goldenen Saal. Wortlos schritt Herakles mit seiner Gefangenen nach vorne. An den Stufen des Thrones blieb er stehen und sah zur Königin hinauf. Sie hat geweint!, dachte er und es tat ihm leid. Aber noch wusste er nicht, ob sie ihn nicht betrogen hatte. »Du hast meinen Gefährten Sicherheit versprochen«, begann er ernst. »Ich mag nicht glauben, dass du dein Wort gebrochen hast. Sage mir die Wahrheit!«

Hippolyta antwortete nicht gleich. Sie blickte in Melanippes trotziges Gesicht. Plötzlich beugte sie sich zu ihr hinab. »Ich weiß, warum du es getan hast«, sagte sie. »Aber sorge dich nicht! Alles wird wieder sein wie zuvor!« Sie wandte sich Herakles zu. »Ich habe mein Wort nicht gebrochen. Melanippe hat ohne mein Wissen befohlen, deine Krieger zu überfallen. Aber sie hat es aus Treue zu mir und unserem Gesetz getan. Ich bitte dich um Gnade für sie und die anderen.«

Sie hatte sich erhoben, während sie so redete. Jetzt nahm

sie langsam den goldenen Gürtel ab, der in ihren Händen funkelte und blitzte, dass den Kriegern die Augen übergehen wollten. »Du bist hergekommen, um diese Kostbarkeit zu holen«, fuhr sie fort. »Du sollst sie haben! Ich weiß, du könntest sie mit Gewalt nehmen, weil du uns besiegt hast. Aber ich will sie dir freiwillig geben!«

Sie kam die Stufen herab und stand jetzt dicht vor Herakles. Ihre Augen waren ganz dunkel vor Traurigkeit. »Melanippe fürchtete, ich würde um deinetwillen das Gesetz der Amazonen vergessen«, sagte sie so leise, dass nur er es verstehen konnte. »Sie hatte recht!«, fuhr sie fort. »Beinahe hätte ich es wirklich vergessen! Aber nun ist es vorüber. Hier – nimm den Gürtel und dann geht schnell zu eurem Schiff und verlasst dieses Land, um nie wiederzukommen!«

Sie wandte sich zur Seite und ging an ihm vorüber und durch den Saal hinab, ohne sich nur einmal umzusehen.

Später, als sie den Fluss hinunterfuhren, stand Herakles auf dem Deck und blickte zurück zur Stadt, solange er die Türme der Königsburg sehen konnte. Er starrte zu den Zinnen hinauf, bis ihm die Augen brannten. Aber oben stand niemand. Das Gesetz der Amazonen war stärker als er, begriff er, und sein Herz brannte vor zorniger Traurigkeit.

In der Höhe trieben wilde dunkle Wolken dahin, wie aufgewühlt von Pferdehufen. Dort oben raste Heras goldener Wagen zum Olymp.

»Misslungen! Abermals misslungen!«, knirschte sie und gab die Hoffnung auf, den Verhassten jemals verderben zu können.

Die Rinder des Geryones

Eurystheus war in der Zwischenzeit nicht müßig gewesen. Wenn Herakles, wie er befürchtete, siegreich aus Pontos zurückkehrte, hatte er nur noch drei Arbeiten für ihn zu verrichten. Das war nicht mehr viel nach allem, was er schon bestanden hatte. »Ich muss dafür sorgen, dass diese letzten Abenteuer noch gefährlicher für ihn werden als alle anderen«, sagte Eurystheus zu sich und begann nachzuforschen, wo es auf der Welt die schrecklichsten Ungeheuer, die wildesten Riesen und die grausamsten Fürsten gäbe, die jeden Fremdling erbarmungslos ausrauben und töten ließen.

Er befragte jeden Gast, der in der Burg zu Tiryns einkehrte, und erfuhr allerlei, was ihm sehr nützlich schien. Zu dieser Zeit herrschte im Lande Iberia ein König namens Chrysaor. Allerdings sagte man, er sei viel eher der Anführer von Räuberhorden als ein Fürst. Er hatte vier riesige Söhne; jeder von ihnen gebot über eine Schar wilder Knechte, die Tag und Nacht auf der Lauer lagen. Und wer zu Wasser oder zu Lande in ihr Gebiet einzudringen wagte, der bezahlte es mit dem Leben. Nur der letzte dieser Söhne hatte keine Krieger. Er hieß Geryones und war eine schreckliche Missgeburt. Von den Hüften aufwärts hatte er drei Leiber mit sechs Armen und drei abscheulichen Köpfen.

Geryones hauste auf der Insel Erythia, die in der Bucht von Gadira vor der Südküste Iberias lag, und das Volk erzählte sich schreckliche Geschichten über ihn.

Er besaß eine große Rinderherde, die er im Lauf der Jahre von überall her zusammengeraubt hatte.

Ein anderer Riese, den er einst besiegt und zu seinem Knecht gemacht hatte, musste die Herde hüten. Von Zeit zu Zeit zogen sie miteinander auf Raub aus, und wo sie schöne Rinder fanden, erschlugen sie die Hirten und trieben die Tiere fort auf die Insel. Zu dieser Zeit besaß Geryones fünfhundert und er pflegte sie jeden Tag zu zählen, damit ihm gewiss keines abhandenkomme. Dies alles hatte Eurystheus erfahren, und als dann Herakles wirklich heil aus Pontos zurückkehrte, befahl er ihm sogleich, in das Land Iberia zu fahren, die Rinder des Geryones herbeizuschaffen und sie auf seine eigenen Weidegründe zu treiben. Herakles seufzte bekümmert, als er das hörte: »Fast könnte ich dich bewundern, weil dir immer wieder etwas einfällt, womit du mich zu den Toten senden könntest«, sagte er. »Nur wäre es mir lieber, wenn ich nicht eine so weite Reise machen müsste: Aber du hast wohl in der Nähe kein Ungeheuer mehr gefunden, das vielleicht imstande wäre, dich von mir zu befreien! Also gut, Vetter! Du sollst auch noch die Rinder haben, selbst wenn ich zwölf Monate brauchen sollte, um sie zu holen!«

Abermals erboten sich viele Krieger, Herakles auf dieser Fahrt zu begleiten. Sie versammelten sich auf der Insel Kreta und bestiegen in einem Hafen an der Nordküste, nicht weit von Knossos, ein Schiff. Es mochten wohl drei Dutzend abenteuerlustige Männer sein. Sie segelten südwärts gen Afrika, und weil sie gerne das wilde Land Libyen ein wenig erkunden wollten, legten sie in einer Bucht an und machten sich wohlbewaffnet auf den Weg. Sie durchstreiften wüste Gegenden, in denen sie mit allerlei Raubwild zu kämpfen hatten; auch

Räuberbanden hausten in den Schluchten und Höhlen des Gebirges und so mangelte es den jungen Helden nicht an Abenteuern.

Und dann begegnete ihnen eines Tages der Riese Antäos. Er war der jüngste Sohn der Gäa, der Urmutter Erde. Sein Vater war der Meergott Poseidon.

Er hockte auf einem Felsen, als die Krieger unten herankamen, und er war entsetzlich anzuschauen.

Mit einem Satz sprang er herab und es war, als stürze ein Felsblock aus der Höhe.

»Ihr kommt mir wie gerufen!«, brüllte er und glotzte Herakles wütend ins Gesicht. »Ich kenne dich! Du hast für die Götter gekämpft und meine Brüder getötet! Das wirst du jetzt büßen!« Herakles warf blitzschnell seine Keule und den Bogen von sich, während sich schon die langen Arme mit den fürchterlichen Pranken nach ihm ausstreckten.

Antäos war zwar größer als er, aber seine Bewegungen waren plump und schwerfällig. Herakles bückte sich flink und packte ihn mit beiden Händen, ehe ihn noch die behaarten Tatzen erreichten. Er hob den Riesen hoch und schleuderte ihn mit aller Kraft gegen den Felsen, dass sein Schädel krachend aufschlug. Er muss tot sein!, dachte Herakles und wollte schon aufatmen; denn der Unhold war auch für ihn ein schrecklicher Gegner. Aber da . . . oh Götter! Antäos erhob sich, als wäre nichts geschehen! Er lachte, es war ein grausiges Lachen! »Gib dir keine Mühe, du Wicht!«, schrie er. »Mich kannst du nicht töten! Selbst wenn du mir den Kopf zerschmetterst – solange meine Füße die Erde, meine Mutter, berühren, sterbe ich nicht!« Die Gefährten hörten es mit

Schrecken. Was half es also, wenn sie ihn mit Pfeilen durchlöcherten? Er würde irgendeinmal niederstürzen und sogleich wieder aufstehen!

Herakles biss die Zähne zusammen; es gab nur noch eines, das ihn und seine Gefährten retten konnte. Antäos durfte die Erde nicht berühren, ehe er tot war!

Tief niedergebückt, sprang er los. Er packte den Riesen um die Mitte und hob ihn in die Höhe.

Er presste ihm den Leib zusammen, dass er meinte, seine Sehnen müssten zerreißen.

Antäos ächzte und schlug mit Armen und Beinen um sich und er war entsetzlich schwer.

Herakles wusste genau: Lange durfte dies nicht mehr dauern, sonst . . .

»Vater Zeus, gib mir nur noch eine kleine Weile Kraft!«, keuchte er.

Zeus hatte die Bedrängnis seines Sohnes gesehen und beschloss, sie zu beenden.

Auch war es an der Zeit, dass endlich der letzte der Titanen starb . . . Als Herakles fühlte, wie der Riesenleib unter der Umklammerung seiner Hände erschlaffte, ließ er ihn los.

Antäos stürzte zu Boden und diesmal erhob er sich nicht mehr.

Nach diesem Abenteuer schien es den Helden geraten, zum Schiff zurückzukehren und nach Iberia zu segeln, obgleich Herakles große Lust hatte, den gewaltigen Riesen Atlas aufzusuchen, der irgendwo in diesem Lande auf dem höchsten Berge saß und ewig das Himmelsgewölbe auf seinen Schultern tragen musste. Aber er sollte gar nicht lange danach Atlas wirklich begegnen, und das hätte sehr leicht übel für ihn ausgehen können.

Sie durchfuhren die Meerenge und kamen an das atlantische Meer gegenüber der Stadt Gadira.

Herakles errichtete nahe dem Ufer zwei riesige Säulen, die man noch nach Jahrhunderten die »Säulen des Herkules« nannte. Dann segelten sie hinüber nach Iberia.

»Wir müssen jeden Augenblick zum Kampf bereit sein«, sagte Herakles zu seinen Gefährten, ehe sie ans Land gingen. »Ich habe böse Dinge gehört über diese Riesen mit ihren wilden Knechten.« Fast mit Bedauern sahen sie danach vom Ufer aus zu, wie das Schiff abdrehte und wieder aufs offene Meer hinausfuhr. Es kehrte zurück nach Kreta. Sie aber sollten mit fünfhundert Rindern über das Festland nach Achaia ziehen! Oh Götter, wie weit war Achaia! Aber da sie jung waren, schüttelten sie ihre Besorgnis bald wieder ab und machten sich auf den Weg landeinwärts. Sie waren an der Insel Erythia vorübergefahren, die nur durch eine seichte Wasserstraße vom Festland getrennt war. Sie hatten auch die Rinderherden gesehen, die dort weideten. Aber sie konnten nicht einfach auf die Insel gehen, die Rinder durch den flachen Meeresarm aufs Festland treiben und mit ihnen davonziehen!

Denn da waren ebendiese Riesen mit ihren wilden Horden, die sie ganz gewiss nicht in Frieden lassen würden!

Also musste man zuerst wissen, was man von ihnen zu erwarten hatte, wie zahlreich sie waren und welche Waffen sie besaßen.

Darüber unterhielten sich die jungen Männer.

Sie erfuhren es schnell genug.

Die Gegend, die sie durchstreiften, war öde und weitum schien es keinen Menschen zu geben. Ginsterbüsche und andere Sträucher bedeckten den Boden, da und dort wuchsen ein paar Korkeichen. Die Luft flimmerte vor Hitze und den Männern rann bald der Schweiß über das Gesicht und über den Rücken. Und als, ein wenig entfernt, ein Korkeichenwäldchen auftauchte, beschlossen sie, dort im Schatten zu warten, bis es kühler wurde. Aber wehe! Aus der Rast im Schatten wurde nichts: Denn es erwies sich, dass das Wäldchen schon besetzt war. Kaum waren sie ihm auf einen Pfeilschuss nahe gekommen, da erhob sich ein fürchterliches Gebrüll, zerlumpte Gestalten rannten zwischen den Bäumen und hinter dem Gebüsch hervor, als wäre der ganze Wald plötzlich lebendig geworden. Allen voran lief ein riesiger Bursche, der nichts am Leibe trug als ein Fell, das ein Strick um die Hüften zusammenhielt. Seine einzige Waffe war eine gewaltige Keule, und als Herakles sie erblickte, schien ihm seine eigene fast zierlich dagegen. Ein leises Unbehagen wollte ihn beschleichen, aber nun half es nichts. Man musste gegen die wilden Gesellen kämpfen, ob man wollte oder nicht. Die allerdings vermochten mit ihren Waffen gegen die gut gerüsteten achaischen Krieger nicht viel auszurichten. Manche hatten zwar Pfeile und Bogen, aber ihre Pfeile drangen nicht durch die ehernen Rüstungen. Andere schossen mit Steinschleudern, aber die Steine prallten an Helmen und Schilden ab. Und die wenigen, die Schwerter besaßen, fanden gar nicht Zeit, sie zu gebrauchen. Denn die Pfeile der Achaier kamen schnell und hageldicht geflogen. Auch waren die zerlumpten Burschen sehr verblüfft und erschrocken, als sie so plötzlich einer wohlbewaffneten, kampfgewohnten Kriegerschar gegenüberstanden. Sie waren wohl nur gewohnt, wehrlose Kaufleute zu überfallen, die ins Land kamen, um Handel zu treiben!

So erging es ihnen recht übel in diesem Kampf. Und als einige von ihnen niedergestürzt waren und nicht wieder aufstanden, verschwanden die übrigen allmählich im Dickicht. Zwischen Herakles und ihrem riesigen Anführer aber war ein entsetzlicher Zweikampf im Gange.

»Überlasst ihn mir!«, hatte Herakles seinen Gefährten befohlen, die ihm zu Hilfe eilen wollten. So sahen sie nicht ohne Sorge zu, wie die beiden gewaltigen Kämpfer mit ihren Keulen aufeinander losschlugen, Schläge auffingen, einander umsprangen, nach vorne schnellten, zurückprallten, dass es fast wie ein wilder Tanz schien, bei dem einem Hören und Sehen verging. Und einmal dann, als die Männer sich schon sehr beunruhigt fragten, wie dieser Kampf wohl enden mochte, schwang der Riese plötzlich seine Keule hoch über den Kopf, stieß ein heiseres Gebrüll aus und ließ sie herabsausen, genau dahin, wo Herakles stand.

Den Gefährten stockte der Atem ...

Aber Herakles hatte sich schon an den Boden geduckt wie eine Katze und war flink zwischen den gespreizten Beinen seines Gegners durchgeschlüpft – und während die Keule sich tief in die Erde grub, stand er schon wieder aufrecht hinter dem Riesen. Und jetzt fuhr seine Keule herab ...

Der Riese stürzte vornüber und rührte sich nicht mehr. Herakles warf sich nieder, wo er stand. Nein, noch niemals in seinem Leben war er so müde gewesen. »Ich werde ein wenig schlafen«, murmelte er, »und ihr sollt es auch tun! Danach wollen wir auf die Insel gehen.« Aber aus dem Schlafen wurde nichts.

Unterdessen waren nämlich die geflohenen Knechte gelaufen und gelaufen, so schnell sie konnten, um die beiden Brüder ihres Herrn zu Hilfe zu rufen.

Einer von ihnen befand sich gar nicht weit entfernt an der Küste, vernahm das Kampfgetöse und rannte so schnell über Stock und Stein herbei, dass seine Knechte weit hinter ihm zurückblieben. Das war ein Glück. Denn als er herantobte und sich sogleich wütend auf Herakles stürzte, war der Kampf nur kurz. Er starb, von vielen Pfeilen durchbohrt.

Als die Knechte herbeikeuchten und sahen, was geschehen war, verließ sie der Mut und sie liefen davon.

Herakles blickte sich um, während er sich den Schweiß von der Stirne wischte. »Ich habe wahrhaftig keine Lust mehr, auch noch mit dem dritten Bruder zu kämpfen«, sagte er. »Kommt, wir gehen zur Insel hinüber! Der Kampf mit Geryones steht uns immer noch bevor.«

Aber als sie ans Ufer kamen, wartete der dritte Bruder auf sie und sie mussten abermals kämpfen. Endlich war alles vorüber.

»Ich werde meinem Vater Zeus einen jungen Stier opfern, weil dieser Räuberkönig Chrysaor nicht noch mehr Söhne hat, die mir ans Leben wollen!«, sagte Herakles grimmig, streckte sich am Strand aus und schloss die Augen. »Wenn ihr wollt, dass ich heute noch auf die Insel komme, müsst ihr mich hinübertragen!«, fügte er hinzu und schlief im nächsten Augenblick.

Die Gefährten stellten Wachen auf und legten sich auch zum Schlafen nieder. –

In der Nacht störte nichts ihre Ruhe.

Am Morgen aßen sie von dem Proviant, den jeder von ihnen in einem ledernen Beutel mit sich trug. Dann machten sie sich auf nach der Insel. Es war nicht sehr beschwerlich, durch die Meeresstraße zu waten. Manchmal reichte ihnen das Wasser nur bis an die Knie, manchmal bis zu den Hüften.

»Drüben am Ufer sitzt ein Mann!«, sagte einer, der scharfe Augen hatte. »Mir scheint, es ist auch ein Riese!« – »Oh nein! Die Götter sollen mich bewahren!«, stöhnte Herakles. »Ich habe es gründlich satt, mich mit Riesen herumzuschlagen!« Als sie am jenseitigen Ufer ankamen, hockte wirklich ein gewaltiger Mann da auf einem Stein und starrte sie neugierig an. Er sah nicht im Geringsten böse aus, sondern eher traurig und einfältig. Er hielt seinen Hirtenstab, der einem kleinen Baumstamm glich, zwischen den Knien und ein riesiges Stierhorn hing ihm an der Seite.

Er wartete, bis der letzte aus dem Wasser gestiegen war, dann redete er sie sogleich an. »Geryones, mein Herr, hat mir befohlen, jeden Fremden, der unsere Insel betritt, zu töten!«, verkündete er gleichmütig. »Aber er hat mir nicht gesagt, was ich tun soll, wenn so viele zugleich in Waffen kommen. Denn euch alle zu töten – das wird mir kaum gelingen!«

»Das glaube ich auch nicht, denn vorher wärest du längst selber tot!«, sagte Herakles freundlich und betrachtete nachdenklich das einfältige Gesicht. »Sage mir – wo ist dein Herr?«, fragte er. »Drüben auf der anderen Seite der Insel, jenseits der Weideplätze! Er schläft immer lange, während ich wachen und arbeiten und für ihn kämpfen muss!« Sein Gesicht war jetzt sehr finster und Herakles dachte: Er hasst Geryones! Vielleicht kann uns das nützen!

»Aber ich will ihn sogleich rufen!«, fuhr der Riese fort und griff nach dem Horn.

Herakles hielt hastig seine Hand fest. »Warte noch! Du sollst mir vorher etwas sagen. Wie kommt es, dass du sein Knecht bist?« In den trüben Augen glühte eine dumpfe Wut. »Er hat mich einmal besiegt und ich muss ihm seitdem gehorchen, weil er viel stärker ist als ich und sehr grausam! Er hat schon viele getötet, die ihm nichts zuleide getan haben. Mich lässt er nur am Leben, weil er mich braucht! Er ist ein schreckliches Ungeheuer!«

Herakles hatte blitzschnell nachgedacht. »Hör zu!«, sagte er eindringlich. »Ich gebe dir einen guten Rat! Geh fort von hier und kümmer dich nicht um Geryones! Du brauchst keine Angst zu haben, er könnte dich verfolgen. Denn wenn du tust, was ich dir sage, wird er noch heute sterben! Oder willst du dein Leben lang sein Knecht bleiben?«

Der Riese fuhr auf. »Nein!«, stieß er wütend hervor, aber Herakles merkte, dass er Angst hatte. »Schwörst du mir, dass du ihn wirklich töten wirst?«, fragte er unsicher.

Herakles sah ihn sehr ernst an. »Ich schwöre es dir! Geryones hat den Tod längst verdient. Er soll kein Unheil mehr anrichten!« Der Riese tat einen tiefen Atemzug. »So will ich gehen! Laufen werde ich, so schnell ich kann! Denn wenn er mich einholt, bin ich verloren!«

Seine letzten Worte konnten sie kaum noch verstehen: Er watete mit riesigen Schritten durchs Wasser davon. Die Männer sahen ihm nach und lachten ein wenig über den armen einfältigen Burschen.

Aber Herakles blieb ernst. »Einen sind wir zwar los und ich bin froh, dass ich ihn nicht erschlagen musste. Aber noch lebt Geryones. Und noch haben wir die Rinder nicht.« »Ei was!«, rief der jüngste der Gefährten sorglos. »Vielleicht haben wir Glück und sind mit den Tieren schon weit fort, ehe der Unhold erwacht!«

Herakles sah ihn fast mitleidig an. »Freund, so viel Glück gibt es nicht auf der Welt!«, sagte er nur. Er sollte recht behalten. –

Sie machten sich auf den Weg zur anderen Seite der Insel. Überall weideten Herden schöner rotbrauner Rinder, sonst schien weder Mensch noch Tier hier zu leben. Jenseits der Weiden wurde das Land karger, kümmerliches Buschwerk und mageres Grau bedeckten den Boden, der jetzt allmählich anstieg auf ein Gewirr von Felsen zu. Sie mussten auf der Rückseite steil zum Meer hin abstürzen, denn je näher die Männer kamen, desto lauter wurde der Lärm der Brandung.

Da war aber auch noch ein anderes Geräusch, das immer lauter wurde und sie sehr beunruhigt aufhorchen ließ, als sie erkannten, was es war.

Jemand schnarchte, das schien ihnen gewiss. Doch es klang so, als schnarchte da mindestens ein Dutzend Schläfer, so vieltönig und grauenhaft böse hörte es sich an!

Den Bogen in der Hand, mit angehaltenem Atem, schlichen sie auf die Felsen zu, lautlos wie Katzen.

Aber als sie gerade um eine Steinwand bogen, knackte dennoch irgendwo ein dürrer Zweig unter ihren Füßen. Im nächsten Augenblick schoss unter dem überhängenden Felsen gerade gegenüber etwas hervor – oh Götter . . . was war es nur? Vielleicht war es ein Mensch – aber er hatte von der Mitte aufwärts drei Leiber, drei fürchterliche Köpfe und sechs Arme und er war so behaart, dass er fast schwarz aussah! Nur da, wo die drei Leiber zusammengewachsen waren, befand sich ein kleiner heller Fleck, so groß wie eine Hand. Herakles und seine Gefährten waren blitzschnell zurückgesprungen und hatten den Bogen vor die Schulter gerissen. Aber der Unhold kümmerte sich nicht im Geringsten darum. Die drei Köpfe drehten sich hin und her und sechs Augen glotzten wütend auf die gepanzerten Männer herab.

»Wie kommt ihr hierher?«, brüllte er und es mussten wohl auch drei Stimmen sein, die so brüllten, dass die Erde zitterte. »Und wo ist mein Knecht? Er hätte euch doch mit Leichtigkeit erschlagen können, ihr Zwerge!« Die sechs Augen starrten Herakles an. »Du allerdings, du scheinst mir recht groß und stark. Hast du ihn etwa getötet?«, fragte er misstrauisch.

»Ich habe ihm kein Haar gekrümmt, Geryones!«, antwortete Herakles. »Ich habe ihn nur fortgeschickt und du wirst ihn wohl nicht wiedersehen. Du brauchst ihn auch nicht mehr. Denn wir sind gekommen, um dir deine Rinder fortzunehmen, die du ja anderen fortgenommen hast! Das haben mir die Götter befohlen!« »Die Götter!«, heulte Geryones. »Was kümmern mich deine Götter? Sie werden auch dich gewiss nicht retten, wenn ich dir jetzt den Schädel einschlage!«

Er setzte zum Sprung an, drei Arme fuhren in die Höhe, in jeder Hand eine Keule . . .

Eine Welle von Pfeilen flog im selben Augenblick auf ihn zu, überall bohrten sich die kleinen Geschosse in sein Fell. Zwar prallte Geryones zurück, als sie ihn alle zugleich trafen: Aber sie schienen ihn kaum verwundet zu haben. Seine Haut muss so dick sein wie ein siebenschichtiger Schild!, dachte Herakles und sah verblüfft, wie der Riese sich die Pfeile herausriss und sie achtlos fortwarf.

»Seht her, ihr Narren!«, schrie er. »Eure armseligen Pfeile können mir nichts anhaben! Wagt es etwa einer, mit dem Schwerte gegen mich zu kämpfen? So mag er herkommen – ich will ihn so freundlich empfangen, dass er nie wieder von mir fortgehen wird!« Einige der Gefährten hatten schon die Schwerter herausgerissen und sprangen vor. Aber die Klingen flogen ihnen aus den Händen, sie wussten nicht, wie.

Herakles hatte nicht geschossen. Sein Pfeil lag noch auf der Sehne. Sein Blick war auf den kleinen hellen Fleck in dem schwarzen Fell gefallen.

Er hätte nicht sagen können, warum er es tat. Aber er zielte genau auf diesen kleinen hellen Fleck und schoss. Geryones erstarrte mitten im Sprung, als wäre er gegen ein unsichtbares Hindernis geprallt. Die Keulen entfielen seinen Händen und die drei Köpfe sanken langsam vornüber. Dann stürzte der Riese nieder. Sie sahen, dass er tot war. –

Eine Weile später machten sich die Männer daran, die Rinder zusammenzutreiben.

Dann begann der große Zug nach Achaia. Sie überquerten die Wasserstraße und zogen weiter durch das Festland von Iberia, über öde Hochflächen unter glühender Sonne, durch fruchtbare Flusstäler und an Meeresküsten entlang. Der Mond wurde voll, verschwand wieder und rundete sich abermals. Sie wanderten weiter Richtung Osten, ein seltsamer Zug: ein paar Dutzend prächtig gerüsteter Krieger mit fünfhundert Rindern. Irgendeinmal, nach langer Zeit, erschien die Gegend vertraut, die Ebene von Thessalien tat sich auf, später tauchten die Mauern und Türme von Theben in der Ferne auf und endlich zogen sie durch die Enge von Korinth auf Mykene zu.

Und eines Abends stand Herakles im Thronsaal der Burg Tiryns vor Eurystheus und sagte: »Du siehst krank aus, Vetter. Ich will nicht hoffen, dass mein Anblick daran schuld ist. Erzähle mir schnell, was für eine neue Arbeit du dir ausgedacht hast, dann werde ich dich sogleich wieder verlassen!«

Eurystheus stand am Fenster und blickte nicht ohne Wohlgefallen auf die Rinderherden hinab, die draußen vor den Mauern lagerten.

Dennoch war sein Gesicht gelb vor Ärger.

»Bringe mir drei goldene Äpfel vom Baum der Hesperiden!«, knurrte er und drehte sich nicht einmal um.

Herakles horchte verwundert auf. »Das ist leicht gesagt! Aber ich weiß nicht, wo sie zu finden sind!«

»So suche sie!«, antwortete Eurystheus höhnisch.

Die Äpfel der Hesperiden

Vor langer Zeit, als Zeus seine Vermählung mit Hera feierte und die anderen Unsterblichen ihnen ihre Hochzeitsgeschenke darbrachten, wollte auch Gäa, die Urmutter Erde, nicht zurückstehen, obgleich sie die Götter hasste.

Sie ließ am Ufer des großen Westmeeres einen Baum voll goldener Äpfel wachsen und machte ihn den Neuvermählten zum Geschenk.

Damit aber niemand die goldenen Äpfel rauben könnte, befahl sie den Hesperiden, den Töchtern der Nacht, den Baum zu bewachen. Aber dies schien Gäa noch nicht sicher genug, und so ließ sie aus der Unterwelt einen hundertköpfigen Drachen heraufkommen, der stets unter dem Baum lag und niemals schlief. Jedermann wusste dies alles, aber noch niemand hatte den Garten der Hesperiden gesehen und niemand wusste, wo der Baum mit den goldenen Äpfeln wuchs. Das musste auch Herakles sehr bald erfahren.

Er war von Tiryns nordwärts durch Thessalien gewandert und hatte vergebens allerlei Leute befragt, die er unterwegs traf. Endlich begegnete ihm in einem Hohlweg zwischen hohen Felsen der Riese Termeros, von dem es hieß, er pflege jeden mit seinem steinharten Schädel zu Tode zu rennen. Herakles wäre ihm gerne ausgewichen, weil er keine Lust hatte, mit ihm zu kämpfen. Aber es gab keinen Ausweg und so blieb er in einiger Entfernung stehen und redete den Riesen freundlich an.

»Kannst du mir sagen, wo ich den Garten der Hesperiden

finde?« Termeros schielte tückisch zu ihm herüber. »Nein«, knurrte er, »und es würde dir auch gar nichts nützen, denn du kommst doch niemals hin!«

Er senkte den Kopf wie ein wütender Stier und rannte los. Und obgleich es Herkules sehr hässlich und unrühmlich schien, musste er genau das Gleiche tun. Denn für etwas anderes blieb ihm keine Zeit.

Eine Funkengarbe sprühte vor seinen Augen auf, als sie zusammenkrachten. Danach lagen sie beide auf dem Rücken und versuchten mühsam, wieder in die Höhe zu kommen. Das war nun wirklich kein würdiger Kampf für einen Helden, dachte Herakles wütend und beobachtete, wie Termeros mit wackelndem Kopf umhertaumelte.

»Wahrhaftig – dein Schädel ist härter als der meinige!«, stöhnte der Riese. »So kannst du nur Herakles sein!« Herakles gab keine Antwort. Der Kopf tat ihm abscheulich weh und es war ihm sehr übel.

Erst nach einer Weile merkte er, dass er wieder zu gehen begonnen hatte.

Und als er den schmerzenden Kopf behutsam drehte, sah er, dass Termeros zur anderen Seite davonwankte.

Er seufzte. Warum taten die Sterblichen manchmal so unsinnige Dinge? Musste man einander wirklich fast den Schädel einrennen, anstatt friedlich aneinander vorbeizugehen? –

Eine Weile später kam er an den Fluss Echedoros und kühlte die Beule an seiner Stirne, die mittlerweile zu einer ansehnlichen Größe angeschwollen war.

Aber es sollte ihm auch jetzt noch kein Friede beschieden sein. Denn im Fluss badete gerade Kyknos, ein Sohn des

Kriegsgottes Ares, der ebenso streitsüchtig war wie sein Vater. Als Herakles auch ihn arglos nach dem Garten der Hesperiden fragte, forderte ihn Kyknos statt einer Antwort unter allerlei Beschimpfungen zum Zweikampf. Und Herakles hätte den jungen Wüterich wohl töten müssen, wäre nicht Ares selbst seinem Sohn zu Hilfe gekommen.

Ein entsetzlicher Kampf begann. Zeus sah es vom hohen Olymp aus. Und weil sowohl Ares wie Herakles seine Söhne waren, beschloss er, den Streit zu beenden.

Er schleuderte einen Blitzstrahl zwischen die beiden Kämpfer, sodass sie auseinandertaumelten. Wie hätten sie es danach noch wagen können, der väterlichen Macht zu trotzen?

Herakles wanderte weiter durch das Land Illyrien und gelangte an den Fluss Eridanos, an dessen sanftem Ufer drei Nymphen wohnten.

»Raste ein wenig bei uns!«, schmeichelten sie, weil ihnen der schöne große Krieger gefiel.

»Ich habe keine Zeit zu rasten!«, sagte er. »Ich muss den Garten der Hesperiden suchen! Wisst ihr vielleicht, wo ich ihn finde?«

»Wir wissen es nicht!«, antworteten sie. »Aber suche den alten Stromgott Nereus, der alles weiß! Du musst ihn aber im Schlaf überraschen und ihn fesseln, sonst wird er dir kein Wort sagen!«

Herakles fand den Stromgott, der ein Stück flussabwärts unter den überhängenden Bäumen im Wasser schlief.

Er fesselte ihn, obgleich der Alte, wie er stets zu tun pflegte, sich blitzschnell verwandelte, zuerst in einen Fisch, dann in eine Schlange und endlich sogar in einen Löwen.

Zuletzt musste er aber, ob er wollte oder nicht, Herakles verraten, wo sich der Garten der Hesperiden befand.

Doch noch lag eine weite und gefahrvolle Reise vor diesem –

Er fuhr über das Meer nach Ägypten, wo zu dieser Zeit König Busiris herrschte. Es waren aber eine Hungersnot und Dürre über sein Land hereingebrochen und ein Wahrsager, der von der Insel Zypern kam, hatte ihm prophezeit, wenn er einen Eid schwöre, jedes Jahr einen Fremdling zu töten, werde die Heimsuchung ein Ende nehmen.

»So will ich gleich mit dir den Anfang machen!«, sagte Busiris und tötete ihn.

Nun war seitdem wieder ein Jahr vergangen, als Herakles ins Land kam.

Während er schlief, überfielen ihn die Knechte des Königs, fesselten ihn und schleppten ihn, wie ein Bündel verschnürt, zum Altar, hinter dem schon Busiris stand und auf ihn wartete. »Ich schulde Zeus ein Opfer!«, sagte er und musterte Herakles mit seinen kleinen erbarmungslosen Augen. »Du kommst mir wie gerufen!«

Herakles lachte.

»Ich glaube nicht, dass mein Vater Zeus dein Opfer annehmen wird!«

Busiris zuckte zusammen. »Was redest du da? Und wie kannst du lachen, da doch schon die Tore des Hades für dich offen stehen?«

Aber Herakles gab keine Antwort. Jede Sehne an seinem Leib war jetzt zum Zerreißen gespannt. Sie hatten sehr starke Seile genommen, um ihn zu binden, diese Knechte . . .

aber es musste ihm gelingen . . . Und dann – eine letzte furchtbare Anstrengung. Er sprang im selben Augenblick auf, als die Stricke zerrissen. Ein Faustschlag streckte Busiris zu Boden. Die Knechte heulten vor Schrecken auf. Herakles blickte sich nicht einmal nach ihnen um und ging fort. –

Abermals wanderte er viele Tage lang nach Westen, mit seinen großen gleichmäßigen Schritten. Vor ihm in der Ferne ragten jetzt die hohen Berge auf, denen er zustrebte. Denn wenn der Stromgott die Wahrheit gesprochen hatte, musste irgendwo hinter jenen Bergen der Garten der Hesperiden liegen. Die Gipfel, an deren Fuß er vorüberkam, wurden höher und höher und eines Tages machte er eine seltsame Entdeckung: Auf dem höchsten dieser Gipfel hockte ein ungeheurer Riese, der aussah, als wäre er selbst aus Stein. Und auf seinem gewaltigen Haupt trug er das Himmelsgewölbe.

Atlas! Das ist Atlas!, dachte Herakles, während er staunend und fast ehrfürchtig zu dem Gewaltigen hinaufblickte, der seit undenklichen Zeiten diese furchtbare Last tragen musste. Und plötzlich trieb es ihn unwiderstehlich, hinaufzusteigen und dem Titanen Auge in Auge gegenüberzustehen, der da oben in schrecklicher Einsamkeit wohnte und weder der Welt der Götter noch der Welt der Menschen angehörte. Gesagt, getan.

Von Fels zu Fels, über Spalten und Abgründe kletterte Herakles hinauf zum Gipfel. Manchmal hüllten ihn Wolken ein und raubten ihm die Sicht. Steine kullerten und sprangen neben ihm herab, als wollte der Titan ihm den Aufstieg verwehren. Aber endlich stand er oben auf der Höhe. Über ihm hing der Himmel so tief herab, dass er meinte, er brauche nur den

Arm auszustrecken, um das blaue Gewölbe zu berühren. Und genau ihm gegenüber befand sich das steinerne Gesicht des Titanen.

Herakles kauerte sich nieder und sah ihn unverwandt an: gerade in diese Augen hinein, die starr, ohne Gefühl und ohne Erkennen, auf ihn gerichtet waren. Aber freilich – wie sollte Atlas ihn kennen? Im nächsten Augenblick wusste er, dass er sich geirrt hatte. »Was suchst du hier, Herakles?« Die Stimme klang dumpf, als käme sie aus dem Innern des Berges. »Du wolltest wohl wissen, wie es ist, wenn man Tausend und Abertausend Monde lang die Last des Himmelsgewölbes tragen muss? Nun – hast du genug gesehen? Dann geh wieder fort – denn ich hasse dich und deinesgleichen! Dein Vater Zeus hat mich zu diesem Schicksal verdammt – und er ist stärker als ich!«

»Nein, glaube mir, ich bin nicht gekommen, um mich an deinem Unglück zu weiden«, sagte Herakles traurig. »Ich muss den Garten der Hesperiden suchen, der in diesem Lande liegt. Auf Befehl der Götter soll ich meinem Vetter Eurystheus drei von ihren goldenen Äpfeln bringen!«

Atlas schien jetzt zu lachen. Das steinerne Gesicht verzerrte sich und der Felsboden zitterte.

»Die Äpfel der Hesperiden? Weißt du nicht, dass der hundertköpfige Drache sie bewacht, den Gäa, meine Mutter, aus dem Hades heraufgeholt hat?«

Herakles nickte bedrückt. »Ich weiß es! Aber vielleicht könntest du mir raten, wie ich dennoch die Äpfel bekomme«, fügte er zaghaft hinzu – gewiss ohne viel Hoffnung, dass der Titan ihm helfen würde.

Atlas schwieg eine Weile. »Du selbst wirst sie niemals bekommen«, sagte er endlich. »Aber ich wüsste wohl ein Mittel«, fuhr er langsam fort, als überlege er etwas. »Die Hesperiden vermögen nichts gegen mich«, fuhr er fort. »Und ich kenne ein giftiges Kraut, das in dieser Gegend wächst. Damit könnte man den Drachen einschläfern, der sonst niemals schläft. Nur hilft dir dies gar nichts, denn du würdest das Kraut nicht finden. Und ich kann nicht fort von hier, da ich ja das Himmelsgewölbe tragen muss.«

Herakles sprang auf. »Höre mich an!«, sagte er eifrig. »Ich bitte dich, suche für mich das Kraut, schläfere den Drachen ein und bringe mir die Äpfel. Ich will in der Zwischenzeit für dich das Himmelsgewölbe tragen.«

Er sah mit Verwunderung, wie über das steinerne Gesicht etwas wie ein roter Schein huschte; aber er wusste nicht, was das bedeuten sollte.

»Meinetwegen!«, knurrte Atlas. »Zwar habt ihr es eigentlich nicht verdient – aber ich will es für dich tun. Komm her und stelle dich dicht neben mich, damit ich dir meine Last aufladen kann.«

Herakles dachte mit Unbehagen, die Rede habe recht höhnisch geklungen, aber er gehorchte.

Alsbald fühlte er ein entsetzliches Gewicht auf seinem Kopf, dass er meinte, die Schädelknochen müssten zerbersten. Aber er biss die Zähne zusammen und tröstete sich damit, dass es ja nicht lange dauern würde.

Atlas stieg derweil schon mit riesigen Schritten den Berg hinab. Danach verging Stunde um Stunde mit schrecklicher Langsamkeit, so schien es Herakles.

Und endlich, als er schon meinte, die Last nicht länger tragen zu können, kehrte Atlas zurück, legte drei goldene Äpfel vor ihn hin und dehnte behaglich die gewaltigen Schultern.

»Ich danke dir!«, stöhnte Herakles, der kaum noch Atem holen konnte. »Aber nun nimm mir schnell das Himmelsgewölbe wieder ab – es ist viel zu schwer für mich.«

Atlas blickte auf ihn herab. »Ja, siehst du – das ist nun traurig für dich!«, sagte er bedächtig. »Ich habe jetzt nämlich gefühlt, wie schön es ist, von der entsetzlichen Last frei zu sein – und ich habe nicht vor, sie wieder auf mich zu nehmen! Also wirst du sie wohl in aller Zukunft behalten müssen! Und hüte dich ja, sie abzuwerfen; denn dann würde die Erde in Trümmer stürzen!« Herakles erschrak sehr, als er sich so betrogen sah. Hastig dachte er nach, wie er sich wohl befreien könnte. »Du hast mich also überlistet!«, ächzte er. »Aber ich schwöre dir, ich kann das Himmelsgewölbe nicht mehr lange tragen: Denn mein Kopf ist nicht so hart wie der deinige. Erlaube mir wenigstens, mir ein Kissen aus weichen Pflanzenfasern zu flechten und es auf meinen Kopf zu legen, wie es die Wasserträgerinnen tun, wenn sie die vollen Krüge tragen!«

»Meinetwegen – aber beeile dich!«, brummte Atlas und bückte sich unter das Himmelsgewölbe.

Kaum fühlte sich Herakles von der Last befreit, nahm er die Äpfel und sprang über Stock und Stein den Berg hinab, während er hinter sich das wütende Gebrüll des Titanen hörte.

Diesmal dauerte es sehr lange, bis Herakles wieder nach Tiryns kam.

Eurystheus warf nur einen scheuen Blick auf die goldenen Äpfel. »Behalte sie, Vetter, behalte sie!«, sagte er ängstlich. »Ich will nichts mit ihnen zu tun haben! Sie gehören Zeus und Hera – und ich mag mir nicht die Rache der höchsten Götter auf den Hals laden!«

Herakles zuckte die Achseln. »So will ich sie auf den Altar im Zeustempel legen! Und nun brauchst du mir nur noch meine letzte Arbeit aufzutragen – und wenn ich sie getan habe, werde ich fortgehen und du wirst mich niemals wiedersehen!« Eurystheus warf ihm einen sonderbaren Blick zu: Es lag allerlei darin: Zorn und widerwillige Bewunderung, Neid und – Angst! Ja, Eurystheus hatte selbst Angst vor dieser letzten Aufgabe, die er Herakles zugedacht hatte. Denn sie war schlimmer als alle anderen.

»Wenn du das, was ich dir jetzt auftrage, auch noch vollbringen kannst, dann wird es keinen Sterblichen geben, der so berühmt ist wie du!«, begann er langsam, als bereite ihm das Reden Mühe. »Du sollst in den Hades hinabsteigen und Kerberos, den dreiköpfigen Hund, heraufbringen, der das Totenreich bewacht! Ich will ihn sehen!«, stieß er hervor, aber die Knie schlotterten ihm dabei. Herakles stand eine Weile stumm da, als könnte er nicht glauben, was er doch mit eigenen Ohren gehört hatte. Er sollte hinabsteigen in die grausige Nacht des Totenreiches, aus dem noch keiner zurückgekehrt war!

»Das also hast du dir ausgedacht!«, sagte er endlich und seine Stimme klang ein wenig unsicher. »Da mich alle Ungeheuer der Erde nicht zu töten vermochten, willst du mich lebend zu den Schatten senden und hoffst, dass ich nicht wiederkehre! Bei den Göttern, dein Hass macht dich erfinderisch! Du weißt, dass ich dir gehorchen muss, weil es die Unsterblichen so wollen!« Er wandte Eurystheus den Rücken und verließ ohne Gruß den Saal.

Herakles in der Unterwelt

Weit unten im Süden des Festlandes, am Vorgebirge Tänaros, das wild zerklüftet in das Meer ragte, lag eine kleine Stadt. Es wohnten nicht viele Menschen darin, denn wenn man konnte, mied man die Gegend.

Nicht weit von den Mauern erhoben sich schon die Felsen, Schluchten taten sich auf, zuweilen drang aus den Spalten schwefliger Rauch und ein Grollen kam aus dem Innern des Gebirges. In manchen Nächten leuchtete plötzlich Feuerschein aus irgendeinem Schacht.

Eine tiefe schmale Schlucht führte zwischen schwarzen Felsen steil abwärts. Es war fast dunkel auf ihrem Grunde. Niemand wagte, diese Schlucht zu betreten. Denn an ihrem Ende befand sich eines der Tore zur Unterwelt. Die Priester in Eleusis hatten es Herakles erzählt und von ihnen hatte er auch allerlei über die Geheimnisse des Totenreiches erfahren, in dem der Gott Hades und die düstere Persephone herrschten und die Seelen der Abgeschiedenen als bleiche Schatten umherirrten.

Die Priester hatten ihn gewarnt; als sie aber sahen, dass sie ihn nicht zurückhalten konnten, beschrieben sie ihm den Weg, den er gehen musste, und nachdem sie den Göttern ein Opfer gebracht hatten, entließen sie ihn.

Und so stand er eines Tages am Eingang der schwarzen Schlucht. Er trug den Bogen über der Schulter, den Köcher am Gürtel, sein Schwert und die Löwenhaut, obgleich er wusste, dass ihm dort unten selbst die besten Waffen der Welt nichts nützen würden. Aber vielleicht wird mir mein Vater Zeus beistehen, dachte er, da ich ja nach seinem Willen handeln muss!

Dennoch kostete es ihn nicht geringe Überwindung, die Schlucht zu betreten.

Draußen war es noch hell, obgleich es schon auf den Abend zuging. Allmählich aber wurde es dämmerig zwischen den hohen Wänden, über denen nur noch ein schmaler heller Streifen lag. Und dann war es unversehens Nacht um ihn. Aber es war eine seltsame, fast durchsichtige Dunkelheit, schien ihm. Sein Herz begann, wild zu schlagen. Denn plötzlich sah er, nur wenige Schritte vor sich, ein Tor im Felsen und unter dem Bogen stand jemand.

Ein schwaches Leuchten ging von der Gestalt aus, die er nur undeutlich erkennen konnte.

Er war stehen geblieben, weil er zum ersten Mal in seinem Leben etwas wie Angst empfand – Angst vor allem, was ihn da unten erwarten mochte!

»Komm näher, Herakles!«, sagte in diesem Augenblick eine Stimme. Er wusste sogleich, sie kam von der leuchtenden Gestalt im Tor. Zögernd gehorchte er.

»Dein Vater Zeus hat mir befohlen, dich in das Reich der Schatten zu begleiten, in das ich sonst nur die Seelen der Abgeschiedenen führe!«, sprach die Stimme weiter. »Kein Lebender hat es vor dir betreten. Und allein würdest du seinen Schrecken nicht widerstehen können!«

Hermes, der Götterbote!, dachte Herakles unendlich erleichtert. Hab Dank, Vater Zeus!

Hermes hatte sich schon umgewandt und schritt ihm voran durch die graue Finsternis eines niedrigen Felsenganges.

»Folge mir und fürchte dich nicht – was du auch sehen magst!«, sagte er.

Herakles merkte, dass sich zu beiden Seiten Höhlen und andere Gänge auftaten, in denen sich allerlei wunderliche Wesen bewegten, wie es sie auf der Oberwelt nicht gab. Mehr als einmal fuhr seine Hand nach dem Schwert, wenn ein zischender Rachen auf ihn zuschoss oder Augen wie Feuerräder ihn plötzlich von irgendwoher anstarrten.

Nach einer Weile kamen sie in einen hohen Saal, in dem schwarze Säulen die Decke trugen.

Da herrschte ein Gewimmel von bleichen Schatten, die sich schwirrend herandrängten und beim Anblick des Lebenden sogleich wieder in die Dunkelheit zurückflohen. Nur einer der Schatten floh nicht. Er war ein Weib, erkannte Herakles, ihr Gesicht war entsetzlich wild und hässlich und Nattern ringelten sich um ihren Kopf. Herakles erfasste ein solches Grausen, dass er das Schwert herausriss: Er musste dieses Scheusal töten . . .

Aber Hermes fiel ihm in den Arm. »Es ist nur der Schatten der Medusa, die dein Großvater Perseus schon vor langer Zeit getötet hat. Wäre sie noch am Leben, so würde dich ihr Anblick in Stein verwandeln.«

Sie gingen weiter durch riesige öde Felsenhallen. Irgendwoher kam Wasserrauschen und sie gelangten an den Fluss Acheron, an dessen Ufer sich abermals unzählige Schatten drängten. Ein schwarzer Nachen schwamm über den Strom, Charon, der düstere Fährmann, lenkte ihn. Er brachte die Seelen der Abgeschiedenen in die verschiedenen Gegenden des Totenreiches, für die sie durch ihre Taten im Leben bestimmt waren: in das Elysium, das Reich der Seligen, oder an den Ort ihrer Strafen!

Nur die Schatten derjenigen, die unbegraben irgendwo auf der Erde lagen, wies der unbarmherzige Fährmann zurück, wie sehr sie auch flehten und die Hände nach dem Nachen ausstreckten. Denn solange niemand ihnen den letzten Liebesdienst erwies und ihre Gebeine verbrannte und bestattete, durften sie das jenseitige Ufer des Acheron nicht betreten.

Hermes rief Charon herbei. »Bringe uns über den Strom!«, befahl er. Der Fährmann musterte Herakles finsteren Blickes. »Es ist nicht meines Amtes, Lebende über den Acheron zu fahren!«, murrte er. »Und wärest du nicht bei ihm, Götterbote, so würde die dunkle Flut ihn verschlingen!«

Er scheuchte die herandrängenden Schatten zurück und winkte ihnen einzusteigen.

Drüben erhoben sich gewaltige Mauern aus Zyklopensteinen, die Stadt der Toten, in ihrer Mitte ein Palast aus schwarzem Marmor. Am Tor stand Hades, der Beherrscher der Unterwelt, und blickte ihnen verwundert entgegen.

»Seit wann ist es bei den Göttern Sitte, Lebende in das Reich der Schatten zu bringen?«, fragte er.

»Herakles kommt auf Befehl seines Vaters Zeus und ich gebe dir den Rat, ihm nichts in den Weg zu legen!«, beschied ihn Hermes kühl. Es herrschte keine Freundschaft zwischen den Bewohnern des Olymp und dem König des unterirdischen Reiches, der sich nur ungern den mächtigen Göttern beugte. Er fuhr auch jetzt sogleich zornig auf. »Ihr lebt oben im Licht: Ich aber muss ewig im Dunkeln bleiben! Geh fort! Du hast hier nichts zu befehlen!«

Hermes achtete nicht auf seinen Zorn. Er wandte sich Herakles zu. »Weiter darf ich dich nicht begleiten! Du weißt, dass du dieses letzte Abenteuer bestehen musst.«

»Warte noch!«, sagte Herakles hastig, weil er viel lieber nicht geblieben wäre.

Aber Hermes war schon verschwunden und vor ihm stand nur noch Hades und sah ihn feindselig an. »Ja – nun fühlst du dich wohl sehr verlassen als einziger Lebender unter lauter Schatten!«, sagte er hämisch. »Du bist zwar groß und stark und ein Liebling der Götter. Dennoch wird dir das alles in meinem Reiche nicht viel nützen! Was suchst du hier?«

»Ich muss Kerberos, den dreiköpfigen Hund, an die Oberwelt bringen. Mein Vetter Eurystheus will ihn sehen. Und mein Vater Zeus hat mir befohlen, ihm zu gehorchen!« Hades schüttelte voll Grimm den Kopf. »Was sind die Sterblichen doch für Narren! Ihre Erde ist hell und schön – sie aber sind niemals zufrieden. Immerfort verlangen sie nach Dingen, die nicht ihrer Welt angehören. Sie hassen und töten einander um ihres Vorteils willen! Und dann irren ihre Schatten jammernd hier in der Finsternis umher und sehnen sich nach Apollons goldenem Licht zurück, das keiner je wiedersehen wird. Gewiss, du wirst an die Oberwelt zurückkehren, da der Vater der Götter seine Hand über dich hält! Aber Kerberos sollst du nicht finden! Und so magst du dein Leben lang der Knecht deines Verwandten Eurystheus bleiben, da du deine zwölfte Aufgabe nicht lösen kannst. Du siehst, dein Schicksal ist mir nicht unbekannt!«, fügte er voll Bosheit hinzu.

Als Herakles ihn so reden hörte, packte ihn mit einem Male wieder der wilde Zorn seiner Knabenjahre. Nein, es durfte nicht sein, dass alles umsonst war, was er bis zu diesem Tage glücklich bestanden hatte! So ungerecht war selbst Moira, die harte Schicksalsgöttin, nicht!

Er hatte schon den Bogen von der Schulter gerissen ... Der Pfeil traf Hades an der linken Seite in die Brust. Töten konnte er ihn damit zwar nicht, denn auch der Beherrscher der Unterwelt gehörte zu den Unsterblichen. Aber er musste wohl große Schmerzen leiden. Er wand und krümmte sich, stieß schreckliche Verwünschungen hervor und versuchte, den Pfeil aus der Wunde zu ziehen.

Herakles bemerkte mit Entsetzen, wie auf sein Geschrei allerlei Ungeheuer herbeigekrochen kamen und zischend mit aufgerissenem Rachen auf ihn zuschossen. Aber bald merkte er zu seiner Erleichterung, dass sie ihm nichts anzuhaben vermochten. Hab Dank, Vater Zeus!, dachte er abermals.

Er legte einen zweiten Pfeil auf die Sehne. »Ich will dir nicht noch mehr Schmerzen zufügen«, sagte er ernst. »Aber ich muss wissen, wo ich Kerberos finde! Darum rate ich dir, es mir zu sagen!« Da gab Hades zähneknirschend nach. »Geh am Ufer des Acheron entlang, bis dahin, wo er in den Kokytos mündet. Dort wirst du Kerberos finden. Aber du musst mir zweierlei versprechen: Du darfst deine Waffen nicht gebrauchen und Kerberos nicht verwunden. Und wenn du deine Aufgabe erfüllt hast, wirst du ihn wieder zurückbringen in die Unterwelt!«

»Ich verspreche es!«, sagte Herakles aufatmend, obgleich er keine Ahnung hatte, wie es ihm gelingen sollte, ohne Waffen über das dreiköpfige Ungeheuer Herr zu werden.

Er wandte sich zum Gehen. In diesem Augenblick hatte Hades den Pfeil herausgerissen und schleuderte das Geschoss wütend hinter ihm her. »Ich wollte, ich wäre so mächtig wie dein Vater Zeus!«, brüllte er. »Dann würdest du mein Reich nie wieder verlassen und ich würde eine Strafe für dich ersinnen, dass dir selbst Prometheus in seiner Pein beneidenswert erschiene.« Herakles wandte sich nicht mehr um. Er ging am Ufer des Acheron entlang, zwischen den Schatten hindurch, die körperlos an ihm vorüberstrichen. Manchmal zuckte er zusammen und hielt an, weil er ein Gesicht zu sehen meinte, das er kannte. Aber da war es schon wieder verschwunden. Das Wasser wälzte sich träge neben ihm her, zuweilen leuchtete es auf wie ein Feuerstrom. Zu seiner Linken gähnten die schauerlichen Abgründe des Tartaros, aus denen das Heulen der gefangenen Titanen und das Gerassel ihrer Ketten heraufdrang. Hoch über den öden Räumen, jenseits der Totenstadt, lagen in einem silbernen Licht weite freundliche Gefilde, von unzähligen Schatten bevölkert: das Elysium, verzweifelt ersehnt und unerreichbar für die, die unten im Dunkel umherirrten. Dies alles sah und hörte Herakles und es schien ihm, er könnte es nicht ertragen.

Ein riesiger Saal tat sich auf. Darin saß auf einem ehernen Thron Rhadamantys, der Totenrichter, und sprach sein unbestechliches Urteil über die Schatten, die den Saal füllten. Einen Augenblick betrachtete Herakles das ernste redliche Gesicht, das er im Leben so gut gekannt hatte.

Dann ging er weiter. Jetzt drang abermals lautes Wasserrauschen an sein Ohr, ein zweiter Fluss schoss zwischen den Felsen hervor – der Kokytos.

Ehe noch Herakles in der Finsternis zu erkennen vermochte, wo die beiden Ströme zusammenflossen, erhob sich ein entsetzliches Getöse – wütendes Hundegebell, zehnfach von den hohen Gewölben widerhallend, erfüllte die Luft – etwas sprang aus der Dunkelheit auf ihn zu – und prallte vor ihm auf den Boden . . . Er wusste, was es war, noch ehe er die drei Hundeköpfe mit den glühenden Augen und dem geifernden Rachen deutlich sehen konnte.

Seine Hand fuhr zum Schwert. Aber er hatte ja versprochen, keine Waffe zu gebrauchen! Was aber dann? Da hockte dieses dreiköpfige Scheusal vor ihm auf dem Boden, bellte heiser aus drei Rachen und reckte ihm die kurzen dicken Hälse entgegen. Krumme Beine, wie Krötenbeine, setzten zum Sprung an und Herakles tat einen wilden Satz rückwärts. Ha, wie gut war es, dass das Ungetüm mit seinen krummen Beinen nur kleine, plumpe Sprünge machen konnte! Aber zuletzt würde man ihm dennoch nicht entkommen – irgendeinmal würde man an eine Felswand oder eine Zyklopenmauer stoßen und nicht mehr weiterkönnen.

Zur Rechten aber wälzten sich die Fluten des Acheron vorüber und zur Linken floss der Kokytos und schäumte zuweilen rot auf wie ein Feuerstrom.

Herakles wusste nicht, wie oft er schon so zurückgesprungen war, während er Kerberos nicht aus den Augen ließ, der immerfort und unaufhaltsam auf ihn zuhüpfte und bellte, bellte und die Augen wie glühende Kugeln rollte.

Man könnte vielleicht – ja, nur vielleicht – einen dieser dicken Hälse mit beiden Händen umklammern und zudrücken. Aber dabei würde man den beiden anderen Rachen zu nahe kommen! Nein, von vorne durfte man das Ungeheuer nicht angreifen! Und von hinten ... selbst wenn es gelang, über die Köpfe wegzuspringen – da war noch etwas, das Herakles mit Schrecken gesehen hatte: Der Schwanz bäumte und ringelte sich, fuhr dahin und dorthin und an seinem Ende saß ein kleiner Drachenkopf mit zwei Reihen nadelspitzer Zähne im Maul. Wenn man also über die drei Köpfe nach hinten sprang, würde der Drachenkopf in die Höhe schnellen . . . und ...

In diesem Augenblick fühlte Herakles den feuchten kalten Fels in seinem Rücken.

Ja, nun war es wohl aus ... Kerberos befand sich drei oder vier Schritte vor ihm und hüpfte vorwärts ... einmal ... noch einmal –

Da nahm Herakles einen Anlauf und sprang. Es war immer noch besser, auf den kleinen Drachen zuzuspringen, als von den Zähnen der drei Hundeköpfe zerrissen zu werden. Noch im Sprung warf er sich herum, die Götter mochten wissen, wie es ihm gelang! Und während er, das Gesicht schon wieder nach vorne gewandt, mit weit gespreizten Beinen über dem Rücken des Ungeheuers stand, fühlte er, wie sich die Drachenzähne in seine Hüfte gruben. Ein scharfer Schmerz durchfuhr ihn. Aber er durfte nicht darauf achten, das wusste er. Noch war er nicht gerettet! Er riss den Strick von den Schultern. Kerberos hatte sich, völlig überrascht durch den jähen Angriff seines Feindes, einen Augenblick zu Boden geduckt. Blitzschnell schlang Herakles das Seil um den ersten Hals, während er mit aller Kraft die Knie um die Flanken des Hundes zusammenpresste. Aber jetzt hatte Kerberos die Gefahr erkannt. Wütend versuchte er, die beiden anderen Köpfe nach rückwärts zu drehen, um Herakles zu erreichen. Aber die Hälse waren zu kurz!

Sein Gebell war verstummt. Nur noch ein pfeifendes Röcheln drang aus seiner Brust, als der Strick auch den zweiten und dritten Hals umwand.

Herakles merkte in seiner Erleichterung und Freude gar nicht, dass er zu reden anfing, während er den Strick sorgfältig zu einem Knoten schlang. »Siehst du, du abscheuliche Missgeburt«, sagte er, noch keuchend, aber zufrieden, »nun brauchst du mich nur noch zu Eurystheus zu begleiten, dann ist meine Aufgabe erfüllt und du kannst wieder in den Hades zurückkehren. Das ist auch gut. Denn oben auf der Erde würdest du Menschen und Tiere erschrecken, so abscheulich, wie du aussiehst. Ich bin nur neugierig, was mein lieber Vetter sagen wird, der dich so gerne sehen wollte – wenn er dich nun wirklich sieht. Komm jetzt – ich kann diese grausige Nacht nicht länger ertragen. Und die Schlange, die du an der Stelle eines Schwanzes hinter dir herschleppst, mag ich schon gar nicht!«

Er griff an seine Hüfte und riss den kleinen Drachenkopf los, obgleich ein Stück Haut und ein wenig Fleisch an den Zähnen hängen blieb.

Die Schlange schien zum Glück keine Lust zu einem neuen Angriff zu haben und ließ sich schlaff hinterherziehen, als Herakles sich auf den Weg machte, um das Tor zu suchen, durch das er in die Unterwelt hinabgestiegen war.

Zwar sträubte sich Kerberos mit aller Kraft, doch es half ihm nichts: Die Schlingen um seine Hälse zogen sich nur umso enger zusammen, je mehr er Widerstand leistete. Herakles hatte keine Ahnung, wohin er sich wenden musste. Vergeblich bat er die herumschwirrenden oder am Flussufer kauernden Schatten, ihm den Weg zu zeigen. Sie flüsterten nur erschrocken miteinander, starrten aus bleichen Gesichtern den gefesselten Kerberos an und wichen ins Dunkel zurück.

Als er lange Zeit durch Gänge und Höhlen geirrt war, sah er plötzlich, noch weit entfernt, ein kleines helles Licht. Und nach einer Weile merkte er, dass es ein Stern war. Da kullerten ihm vor Freude ein paar Tränen über die Wangen.

Es war Nacht, als er durch das Felsentor hinaustrat. Aber während er in tiefen Zügen atmete und unendlich froh war, den Schrecken des Hades entronnen zu sein, brach Kerberos in ein so entsetzliches angstvolles Geheul aus, dass Herakles meinte, es müsste viele Meilen im Umkreis alle Menschen aus dem Schlaf wecken. Schleunigst zog er ihn vorwärts, dass er zu wenig Luft zum Heulen bekam und wohl oder übel still sein musste. So wackelte er kurzatmig und widerwillig hinter seinem Überwinder her; Schaum tropfte ihm aus dem Rachen, und wo er auf die Erde fiel, wuchsen giftige Blumen.

Herakles wanderte nach Norden, die Sterne wiesen ihm den Weg. Er mied die bewohnten Gegenden. Begegneten ihm aber doch einmal Hirten oder Jäger, so flüchteten sie Hals über Kopf vor dem großen Mann im Löwenfell und dem grauenhaften Ungeheuer, das er mit sich schleppte.

Irgendjemand brachte die Kunde nach Burg Tiryns, noch ehe Herakles dort eintraf. Von der Stunde an glich die Burg einem aufgestörten Ameisenbau.

Gäste ließen die Pferde satteln und ritten schleunigst davon. Andere freilich, deren Mut und Neugier größer waren, beschlossen, sich das grausige Schauspiel nicht entgehen zu lassen und den schrecklichen Wächter des Hades mit eigenen Augen zu sehen. Die Mägde liefen davon oder schlossen sich heulend in ihre Kammern ein und die Knechte, die man mit Knüppeln und Spießen bewaffnet hatte, schworen insgeheim, sich nicht von der Stelle zu rühren, sollte der König ihnen befehlen, dem Ungeheuer zu Leibe zu rücken. Denn immerhin erschien es ihnen besser, nachher für ihren Ungehorsam halb totgeprügelt zu werden, als ganz tot und zerrissen im Hofe zu liegen, während die Seele als bleicher Schatten zum Hades hinabschwirrte. –

Eurystheus hatte die Nachricht mit Entsetzen vernommen. Nun war also seine letzte Hoffnung zunichte. Nicht einmal die Unterwelt mit ihren Schrecknissen vermochte, ihn von diesem Vetter zu befreien!

Er kauerte auf seinem Thron, grün im Gesicht, und begann, in wirrer Hast allerlei Befehle zu geben. Der Oberkämmerer, dem nicht weniger die Knie schlotterten, bemühte sich vergeblich, sie alle im Kopf zu behalten.

Eines schien ihm sehr wichtig. »Lasst überall Fackeln und Feuer entzünden: auf den Mauern und in den Höfen«, sagte der König, »denn in der Dunkelheit wäre alles noch viel schrecklicher.« Er drückte sich die Fäuste an die Stirn und stöhnte. »Wenn ich ihn nur hindern könnte, hierher zu kommen! Aber ich kenne Herakles! Nichts und niemand wird ihn davon abhalten, da ich es ihm nun einmal befohlen habe – verfluchter Narr, der ich war!« –

Er befahl, sein Nachtlager auf einem der niedrigen Dächer aufzuschlagen, und die Gäste, die in der Burg geblieben waren, folgten seinem Beispiel. Denn bei allem Mut und aller Neugier schien es ihm doch sicherer da oben.

Unten in den Höfen brannten viele kleine Feuer, in den Ringen an den Mauern loderten die Fackeln und selbst die Wächter an den Toren und auf den Türmen hatten Kienspäne entzündet. Die ganze Burg lag in einem flackernden roten Schein, während ringsum dunkle mondlose Nacht das Land bedeckte.

Die Stunden verrannen. Mitternacht mochte längst vorüber sein. Es war still in der Burg. Alles wartete und lauschte in die Dunkelheit hinaus.

Zuweilen drang aus den fernen schwarzen Wäldern das Geheul eines Wolfes oder das Bellen eines Fuchses herüber. Dann hielten die Lauschenden den Atem an.

Auf dem Turm über dem Haupttor packte plötzlich einer der Wächter seinen Gefährten am Arm. »Siehst du es auch – dort drüben?«, stieß er hervor.

»Ja«, sagte der andere nur und starrte mit zusammengebissenen Zähnen auf etwas, das jetzt in dem schwachen Lichtkreis aufgetaucht war, der die Burg umgab: sechs leuchtende Punkte wie glühende Kohlen und ein unförmiger schwarzer Schatten . . . Der Wächter riss das Stierhorn an den Mund. In seinem Schrecken brachte er nur einen hässlichen krächzenden Ton hervor, der sogleich wieder kläglich erstarb. Und fast im selben Augenblick sagte eine Stimme draußen vor der Mauer: »Öffnet das Tor!« Sie stolperten die steinerne Stiege hinunter: Denn diese Stimme duldete kein Zaudern – komme, was da wolle! Doch mit ihren zitternden Händen konnten sie kaum den schweren Riegel lösen, und als sie die Torflügel aufgerissen hatten, kletterten sie schleunigst wieder auf den Turm, so schnell ihre weich gewordenen Knie es erlaubten.

Unterdessen war es überall in den Höfen, auf Mauern und Dächern lebendig geworden. Doch redete niemand. Alle drängten sich zusammen, reckten die Hälse und starrten auf das, was jetzt durch den Hof herankam, vom Schein der Feuer grausig beleuchtet . . . Oh ja, Herakles erkannten sie alle im nächsten Augenblick – aber hinter ihm . . .

Herakles war stehen geblieben. Er hatte seine ganze Kraft gebraucht, um Kerberos hinter sich herzuziehen, der sich wild sträubte und seine Klauen in die Erde krallte. Dazu pfiff und keuchte und röchelte er in den fürchterlichsten Tönen, als schicke er sich an, sogleich zu verenden.

Da ließ Herakles den Strick ein wenig locker . . . und jetzt begann Kerberos zu bellen! Oh Götter, wann hatte jemals ein Sterblicher ein solches Gebell vernommen! Und wann hatte je einer so ein Scheusal gesehen wie dieses! Da hockte es und riss drei Rachen auf, hüpfte auf seinen Krötenbeinen in die Höhe und ließ seine sechs Augen rollen wie feurige Kugeln. Und sein Schwanz schnellte hin und her wie eine Schlange und hatte einen Drachenkopf! Man wusste nicht – sollte man sich die Ohren oder die Augen zuhalten – so grauenhaft war dies alles zu sehen und zu hören! Hatte den König Wahnsinn befallen, dass er Herakles befahl, das Ungeheuer aus dem Hades heraufzuschleppen? Von den Fenstern herab erscholl das Geschrei der Mägde, die Knechte warfen Knüppel und Spieße fort, rannten zur Mauer und flehten die Wächter oben an, sie hinaufzuziehen. Auf dem

Dach stand Eurystheus, hatte die Hände an die Ohren gepresst und schrie etwas.

Aber auch viele andere schrien und Herakles konnte nichts verstehen.

Das ärgerte ihn und nach einer Weile erhob er seine gewaltige Stimme. »König Eurystheus!«, brüllte er. »Komm herunter und sieh dir Kerberos genau an! Das wolltest du doch – oder ist dir etwa jetzt die Lust dazu vergangen? Ich will es nicht hoffen – denn ihn herzubringen, war kein Spiel für kleine Knaben! Also nimm deinen Mut zusammen und steige herab!« Es war derweil stiller geworden unter den Leuten, und als Herakles den Strick wieder anzog, verstummte auch Kerberos. »Ich komme nicht!«, schrie Eurystheus schrill. »Schaff ihn fort! Ich kann es nicht ertragen, ihn zu sehen! Ich gebe dir, was du verlangst – nur schaffe mir das Ungeheuer aus den Augen!« Jetzt wurde Herakles zornig. »Ich will nichts von dir! Hast du nicht ein Dutzend Mal versucht, mich aus dem Weg zu räumen? Jetzt spricht allerdings die Angst aus dir! Aber es hilft nichts! Höre mir gut zu, mein königlicher Vetter! Entweder du kommst jetzt augenblicklich herunter oder ich lasse Kerberos frei! Dann magst du sehen, was aus dir und euch allen wird!« Einen Augenblick herrschte Totenstille nach diesen Worten. Dann erhob sich da und dort zorniges Gemurmel, drohende Rufe kamen von den Mauern und aus den Fenstern, auf dem Dach drängten sich die Männer um Eurystheus und schrien auf ihn ein. »Steige hinunter! Alles ist deine Schuld! Du hast Herakles befohlen, das Scheusal hierher zu bringen! Jetzt musst du tun, was er verlangt! Denn wer weiß, was geschieht, wenn das Ungeheuer frei ist!« So hörte Herakles sie reden.

Und plötzlich sah er, wie der König hilflos die Achseln zuckte, gebeugt wie ein alter Mann zur Dachluke ging und unten im Palast verschwand.

Ein wenig später öffnete sich eine kleine Pforte zum Hof: Der feiste Oberkämmerer erschien. Er war so groß und breit, dass er die ganze Öffnung ausfüllte. Und er bewegte sich auf eine recht sonderbare Weise vorwärts – so, als würde er von hinten geschoben . . . Plötzlich sah Herakles Eurystheus. Der König hielt sich dicht hinter dem Rücken seines obersten Dieners und stieß ihn vor sich her. Dabei redete er unaufhörlich, weil er vor Angst nicht still sein konnte. »Geh nur! Du weißt, dass es sein muss! Es ist deine Pflicht, mich zu beschützen! Wofür hätte ich dich sonst zu meinem Leibwächter gemacht? Geh doch – du bekommst einen Beutel Gold, wenn das Ungeheuer mich am Leben lässt!« Fast hätte Herakles gelacht. Aber es war nicht zum Lachen – es war nur erbärmlich! Und plötzlich empfand er den unbezwinglichen Wunsch, von hier fortzugehen, so schnell wie möglich, wenn er auch wieder zum Hades hinabsteigen musste! »Bleib stehen!«, sagte er. Er fühlte sich müde und traurig, obgleich er sich doch hätte freuen sollen, weil endlich alles vorüber war. »Es ist wohl zu viel von dir verlangt, noch näher zu kommen«, fuhr er fort. »Aber du brauchst keine Angst zu haben. Ich werde jetzt auf der Stelle diese Burg und die Stadt und dein Land verlassen und niemals wiederkehren. Ich habe getan, was die Götter mir aufgetragen haben. Es bleibt mir nur noch, Kerberos in die Unterwelt zurückzubringen. Denn das habe ich Hades versprochen. Du aber magst vergessen, dass du einen Verwandten namens Herakles hast!« –

Eurystheus stand da und sah ihm nach, wie er zwischen den hinabgebrannten Feuern hindurch zum Tor ging, hinter ihm dieses schreckliche Wesen aus einer anderen Welt, das immer mehr in der Dunkelheit verschwamm . . .

Plötzlich begann Eurystheus, wieder zu sprechen, und es war, als spräche er zu sich selbst. »Männer wie dich vergisst man nicht. Auch die später Geborenen werden noch von dir reden, vielleicht nach Jahrhunderten und Jahrtausenden noch.« Er hielt einen Augenblick inne: »Ich und meinesgleichen aber – wir werden längst in Vergessenheit geraten sein, weil wir nichts getan haben, was der Erinnerung wert wäre«, fügte er sehr leise hinzu.

Wort- und Sacherklärungen

In den Sagen um Herakles spielen zahlreiche Götter und Fabelwesen eine Rolle. Weil sie meist nur bei ihrem ersten Auftreten im Text charakterisiert werden, findest du hier noch einmal einen Überblick. In dem darauf folgenden Begriffsverzeichnis sind zum einen geografische Bezeichnungen erklärt, damit man die Reisen des Herakles nachvollziehen kann, zum anderen von Auguste Lechner verwendete Begriffe, die dem Leser von heute vielleicht nicht so geläufig sind.

Götter, Göttinnen und Fabelwesen

Aiolos, Beherrscher der Winde

Aphrodite, Göttin der Liebe

Apollon, s. **Phoebos**

Ares, Kriegsgott

Artemis, Göttin der Jagd

Athene, Göttin der Weisheit, auch Kriegsgöttin

Atlas, einer der Titanen, trägt im Atlasgebirge das Himmelsgewölbe

Charon, Fährmann in der Unterwelt, der die Toten über den Acheron übersetzt

Demeter, Schwester Heras, Göttin des Ackerbaus

Echidna, drachenköpfiges Ungeheuer

Erinyen, Rachegöttinnen

Fama, Verbreiterin von Gerüchten

Gäa, Göttin der Erde, Mutter der Titanen und der Giganten

Giganten, Riesen, entstanden aus den Blutstropfen, die Gäa aufnimmt, als Kronos seinen Vater Uranos verstümmelt

Hades, Bruder des Zeus, Herrscher in der Unterwelt

Helios, Sonnengott

Hephaistos, Gott des Schmiedens, Gemahl der Aphrodite

Hera, Gemahlin von Zeus, Schutzgöttin der Ehe

Hermes, Götterbote

Hesperiden (vom griech. Wort für Abend, davon abgeleitet Abendland, Westen), hüten die goldenen Äpfel

Hestia, Schwester Heras, Göttin des Herdes

Hydra (vom griech. Wort für Wasser), Wasserschlange

Iris, Göttin des Regenbogens und Götterbotin

Kerberos, der Höllenhund

Kronos, Vater Jupiters, Gott der Zeit

Kyknos, Sohn des Ares

Leto, Nymphe, Mutter von Apollon und Artemis

Medusa, ein weibliches Fabelwesen, das jeden zu Stein werden lässt, der es ansieht

Moira, Schicksalsgöttin

Nereus, ein Fluss- und Meeresgott, seine Töchter sind die Nereiden

Nymphen, Naturgöttinnen, die auf den Bergen, im Meer, in Quellen oder Bäumen leben.

Pallas Athene, s. **Athene**

Parzen, Schicksalsgöttinnen

Persephone, Gemahlin von Hades, Herrin der Unterwelt

Phoebos Apollon, Gott der Weisheit und der Weissagungen

Poseidon, Bruder Jupiters, Beherrscher des Meeres

Rhadamantys, Richter in der Unterwelt

Titanen, Söhne des Uranos und der Gäa

Tyche, Schicksalsgöttin, die Glück und Unglück bringt

Typhon, Ungeheuer mit hundert Drachenköpfen und Schlangenfüßen, Vater des Kerberos

Zentauren, Fabelwesen, halb Mensch, halb Pferd

Zeus Kronion, Sohn des Kronos, oberster Gott, Herrscher im Olymp

Zyklopen, einäugige Riesen, auch Schmiedegesellen des Gottes Hephaistos

Geografische Bezeichnungen, Namen und Begriffe

Achaia, Landschaft auf der Peloponnes, auch für ganz Griechenland gebraucht, bewohnt von den Achaiern, Griechen

Acheron, Kokytos, Flüsse in der Unterwelt

Alkmene, Mutter des Herakles

Amphitryon, Gemahl Alkmenes, Stiefvater von Herakles

Argonauten, griechische Helden, die unter Führung von Jason auf dem Schiff Argo ausfahren, um das Goldene Vlies (Widderfell) aus Kolchis zu holen

Argos, hundertäugiger Wächter, der Io bewacht (daher: mit Argusaugen), auch Stadt im Osten der Peloponnes

Arkadien, griechische Landschaft im Zentrum der Halbinsel Peloponnes

Bistonen, kriegerischer Volksstamm der Thraker

Böotien, Landschaft in Mittelgriechenland, grenzt im Süden an den Golf von Korinth

Busiris, sagenhafter ägyptischer Herrscher

Delphi, s. **Parnassos** und **Orakel**

Dreifuß, Hocker mit drei Beinen

Echedoros, Fluss in Makedonien (Nordgriechenland)

ehern, aus Erz in der Bedeutung von *Bronze, Eisen* oder allgemein *Metall*

Eleusis, Stadt mit einem bedeutenden Heiligtum in Attika

Elis, Landschaft an der Nordwestküste der Peloponnes

Elysium, in der Unterwelt die Gefilde der Seligen, die gottesfürchtig und heldenhaft gelebt haben

Eridanos, sagenhafter Strom weit im Westen

Erymanthos, Gebirge in Arkadien

Erythia, Rotland = Land der Abendröte, sagenhafte spanische Insel

Erz, s. **ehern**

Gadira, heute Cadiz, spanische Stadt an der Atlantikküste in Andalusien

Galeere, antikes Kriegsschiff, von Rudern angetrieben

Hades, Bezeichnung für die Unterwelt

Heros, Pl. Heroen, Held

Hohlweg, Weg durch ein enges Tal

Iberia, Spanien

Illyrien, Land im Südwesten der Balkanhalbinsel

Io, Geliebte des Zeus, von Hera in eine Kuh verwandelt und von **Argos** bewacht

Jason, s. **Argonauten**

Kerynites, Fluss auf der Peloponnes

Kleonä, griechische Stadt südwestlich von Korinth

Köcher, längliches Behältnis für Pfeile

Kokytos, s. **Acheron**

Kolchis, Landschaft am Schwarzen Meer, die an Armenien und den Kaukasus grenzt

Korinth, große griechische Stadt auf der Peloponnes an der Spitze der Landzunge, die die Peloponnes mit dem Festland verbindet

Kos, griechische Insel in der Ägäis nahe der türkischen Küste

Kreuzweg, Straßenkreuzung, Weggabelung

Lakonien, das Gebiet von Sparta auf der Peloponnes (der lakonische Golf erstreckt sich zwischen Zeige- und Mittelfinger)

Leier, antikes Saiteninstrument, ursprünglich aus einer Schildkrötenschale, mit sieben Darmsaiten

Lemnos, heute *Limnos*, große griechische Insel im Norden des Ägäischen Meeres

Lerna, Ort auf der Peloponnes, wo die Hydra ihr Unwesen trieb

Marathon, antiker Ort an der Ostküste von Attika

Minyer, griechischer Volksstamm in Böotien (Mittelgriechenland)

Mykene, eine der ältesten Städte Griechenlands auf der Peloponnes, Hauptstadt von Eurystheus' Reich

Nemea, Landschaft im Norden der Peloponnes

Olymp, höchster Berg Griechenlands, im Nordosten des Landes, Sitz der olympischen Götter

Orakel, Weissagung, die Apollon seiner Priesterin Pythia (in Delphi) offenbarte

Parnassos, Gebirge in Mittelgriechenland, in dem die Orakelstätte Delphi liegt

Pelasger, alter griechischer Volksstamm

Perseus, griechischer Heros, der unter anderem der Medusa das Haupt abschlägt, Ahnherr von Herakles

Pontos (griech. für Meer), Bezeichnung für das Schwarze Meer und das Gebiet, das im Nordosten Kleinasiens (heute Türkei) daran angrenzte

Pythia, Priesterin des Apollon, s. **Orakel**

Spindel, Werkzeug, mit dem Pflanzenfasern zu Garn versponnen werden

Stymphalos, Stadt und See in Arkadien

Tamarisken, eine Gattung niedriger Bäume und Sträucher, die in sehr trockenen Gegenden wachsen

Tänaros, Vorgebirge auf der Peloponnes

Tartaros, der Teil der Unterwelt, in dem die Frevler ihre Strafen verbüßen

Theben, alte griechische Stadt in Böotien, Geburtsstadt von Herakles

Thermodon, Fluss zum Schwarzen Meer, heute *Terme Çay* (Nordtürkei)

Theseus, griechischer Heros, der das Land von allerlei Unholden befreit und in Kreta im Labyrinth den Minotaurus tötet

Thessalien, Landschaft im Norden Griechenlands

Thrakien, Land, das ans Schwarze Meer, das Marmarameer und die Ägäis grenzt (heute Bulgarien, Griechenland und Türkei)

Tiryns, Burg des Eurystheus auf der Peloponnes am Argolischen Golf, nahe Nauplia

Tribut, regelmäßige Abgabe, zu der sich der Besiegte dem Sieger gegenüber verpflichtet

Wehrgehänge, über die Schulter gehängter prunkvoll verzierter Gürtel zum Einhängen der Waffen

Auguste Lechner

978-3-401-50023-2

978-3-401-50025-6

978-3-401-51284-6

978-3-401-50202-1